新时代高校美育工作理论与实践研究

纪　涛◎著

文化发展出版社
Cultural Development Press
· 北京 ·

图书在版编目（CIP）数据

新时代高校美育工作理论与实践研究 / 纪涛著．—北京：文化发展出版社，2023.11
ISBN 978-7-5142-4076-4

Ⅰ．①新… Ⅱ．①纪… Ⅲ．①高等学校－美育－工作－研究－中国 Ⅳ．①G40-014

中国国家版本馆 CIP 数据核字 (2023) 第 167588 号

新时代高校美育工作理论与实践研究

纪 涛 著

出 版 人：宋 娜

责任编辑：岳智勇　　　　责任校对：侯 娜

责任印制：杨 骏　　　　封面设计：守正文化

出版发行：文化发展出版社（北京市翠微路 2 号 邮编：100036）

网　　址：www.wenhuafazhan.com

经　　销：全国新华书店

印　　刷：天津和萱印刷有限公司

开　　本：710mm × 1000mm　1/16

字　　数：216 千字

印　　张：12

版　　次：2025 年 1 月第 1 版

印　　次：2025 年 1 月第 1 次印刷

定　　价：72.00 元

I S B N：978-7-5142-4076-4

◆ 如有印装质量问题，请电话联系：010-58484999

前 言

在人类的历史长河中，美一直是人们的永恒追求，美在人类文明进步的过程中，也在不断积累与进步，因为美是永恒的，所以能不断地激发出人类的无限想象力和创造力。人们会一直存在对美的追求，且人类进行文明传承的重要方式也是进行美的教育。

美育不仅是素质教育的组成部分，还是一种实践教育活动和思想意识。它所带来的益处也有很多方面，它不仅能全面提高教育质量，对学生塑造健全人格有帮助，还是人类认识并改造世界的重要手段，是实现人类自身美化、塑造完美人格的途径。美育的主要任务是塑造具有审美的人生境界，培养和谐完美的人格，在实现这一任务的过程中，不仅要做到能培养人的审美意识和观点，还要提高人们的审美和创造美的能力。美育在素质教育中具有必不可少的价值，在社会和人发展需要的基础上，促进学生的全方位发展，如知识、道德、个性、身心、能力等。

如今，党和国家十分重视美育，在这一背景下，我国高校美育不仅取得了长远发展，还有显著的成效，这都对我国的素质教育和培养多功能复合型人才有着积极作用。但随着形势的不断发展与变化，普通高校美育发展过程中存在的问题与不足也在日渐显现，引起了美育教师和专家学者的关注与思考。对于普通高校在美育方面需要进行改进的地方，已经有部分学者在积极探索并构建美育模式，目标就是以美育模式来解决普通高校在美育过程中存在的现实问题和发展需求。

本书第一章分别介绍了美育的内涵与作用两个方面的内容；本书第二章为新时代高校美育工作内涵，主要介绍了四个方面的内容，依次是高校美育的历史与发展、高校美育的概念与内容、新时代高校美育目标与原则以及高校美育工作的载体；本书第三章为高校美育的现状与审美素质的提升和培育，分别介绍了三个方面的内容，依次是高校美育的现状与存在问题、高校审美教育的教师素质的提升、高校审美教育的学生素质的培育；本书第四章为高校美育课程的建设，依次介绍了高校美育课程原则、高校美育课程内容与教学方法、构建高校美育课程的框架以及构建校本美育课程四个方面的内容；本书第五章为新时代高校美育工作的实践，主要介绍了两个方面的内容，分别是高校学生的美育实践以及网络环境下高校美育实践。

在撰写本书的过程中，作者得到了许多专家学者的帮助和指导，参考了大量的学术文献，在此表示真诚的感谢！但限于作者水平不足，加之时间仓促，本书难免存在一些疏漏，在此，恳请同行专家和读者朋友批评指正！

作者

2023 年 2 月

目　录

第一章　美育的内涵与作用

随着时代的不断变化与发展，人们对美育的认识在不断深化，对美育的实践也在不断深入。在某种程度上，美育是提高人类素质和生活质量的关键因素。本章主要从美育的内涵与作用两方面展开介绍。

第一节　美育的内涵

18 世纪末德国美学家席勒（Schiller）正式提出“美育”一词，并以 27 封书信来向丹麦王子奥古斯腾堡公爵报告他近年来关于美学的探讨，后结集为《美育书简》，西方“第一部美育宣言书”由此而来。此后，美育思想逐渐变得成熟且系统化，西方的众多学者也在不断深化自己的美育认识和思想。康德（Kant）把审美教育作为一种基本过程，即人超越自然、获得自由本质。黑格尔（Hegel）认为美育的本质特征是通过审美使人获得解放，提出通过掌握历史知识、艺术知识来培养审美能力。我们将从美、美育两个方面阐释美育的内涵。

一、美

关于美的概念就是在流行的美学体系中心发展而来，由这一观点得出美的定义：美是在有限的呈现形式中的理念；美是一个被视为理念的纯粹表达的个别的感性对象，因此理念中没有任何东西不在这个其他对象中得到感性表达，而在这个感性对象中也没有任何东西不是理念的纯粹表达。从这一角度来说，个别对象就是形象。美就是观念与形象的完全吻合与统一。美的事物在人心中所唤起的感觉，是类似我们面对最爱的人时所洋溢的那份愉悦和快乐。由此可知，美包含着人们心中宝贵的、喜欢的东西，这个东西的形式是无所不包、多种多样的，但它又富有一般形式，因为只有这样，我们才会觉得是美的。美就是生活。

这里的“美”即审美，它是人类自诞生以来，一个永恒的主题和追求，因此才有了“爱美之心人皆有之”。在旧石器时代的人类发自本能的劳动中，原始的、本能的审美能力与意识萌芽不是这一时期的自觉状态下的审美。最初，兽皮在原始人手中，只是起到保暖作用，但随着人类的发展，开始出现了审美的要求，由吃饱穿暖到各个方面都要有美的体现，由此兽皮也就具有了装饰性。从某种意义上看，审美是伴随着人类的劳动实践产生的，而自觉状态下的审美是能自觉地依靠审美的标准去生活，因此“审美自觉”也是人自我意识觉醒的标志。美的本质就是通过劳动实践实现人内在美与外在美的融合。标志着美学观的根本性变革就是马克思对“美”本质的规定。“美”根本上即人和自然、他人、自身、感性和理性，自由和必然，对象化和自我的确证，实践活动和规律性与对象世界规律性的统一。

二、美育

美育（aesthetics education），又称为“审美教育”或“美感教育”。理论与实践问题不仅会受到古今中外思想家和教育家的关注，还是一个与未来人类素质和生存质量有关的重大课题。美育的定义就是在培养人们认识美、感受美、体验美、欣赏美和创造美的能力的基础上，使学生具有美的理想、情操、品格和素养。美育者，应用美学之理论于教育，以陶养感情为目的也。人生不外乎意志，人与人互相关系，莫大乎行为，故教育之目的，在使人人有适当之行为，即以德育为中心是也。故欲求行为之适当，必有两方面之准备：一方面，计较利害、考察因果，以冷静之头脑判定之。凡保身卫国之德，属于此类，赖智育之助者也。另一方面，不顾祸福，不计生死，以热烈之感情奔赴之。凡与人同乐、舍己为群之德，属于此类，赖美育之助者也。① 人们对于美育的认识有着悠久的历史，在春秋战国时期和古希腊时期就已经意识到美育的问题，都有关于美育方面的论述，但“美育”一词是德国美学家、戏剧作家席勒最早提出的。美育是人的素质全面提升的重要载体和途径，尤其是在促进人的内在心理结构的构建上，必须由具体的美育途径来协助解决相关问题。正如马克思所说：“人是一个特殊的个体，并且正是他的特殊性使他成为一个个体，成为一个现实的、单个的社会存在物，同样，他也是总体，观念的总体被思考和被感知的社会的自为的主体存在。正如他在现实

① 蔡元培．蔡元培谈教育[M]．沈阳：辽宁人民出版社，2015．

中既作为对社会存在的直观和现实的享受而存在，又作为人的生命表现的总体而存在一样。”[①] 这正是美育的全部魅力和奥妙所在。蔡元培先生期望的“以美启智、以美达德”的意义也正在于此。

美育的原则是根据美和审美意识、审美能力形成和发展的规律进行教育所必须遵循的要求，包括：形象性原则、情感性原则、差异性原则、创造性原则。美育的特点包括：首先，美育具有形象性、可感性的特点，它总是通过美的事物具体的、鲜明的形象来感染人，引起人的美感。美的事物以其美丽的面貌呈现在人们面前，吸引着人们对它们的喜爱和追求。因其美而具有影响力和生命力，并显出美好、高贵、清新等特征，给人以赏心悦目之感，并以本身的美来诱导人们去进一步感受它、保护它。其次，美育具有内美性的特点。优良的品德，高尚的情操，伟大的精神，具有极大的教育力、亲和力和影响力，即内在美，美育是人的一种内在素养的培育过程。

第二节 美育的作用

美育的作用首先表现在它对德育、智育、体育的情感启示和辅助强化上，它能促进和带动其他各育的发展。

美育与德育有异曲同工之妙，有时能起到德育所难以起到的作用。它能在潜移默化中唤起人们情感上的共鸣，打开人们心灵的窗扉，提高人们的道德情操。比如：正是有人欣赏松树的顽强、坚韧、挺拔、常青的品质，所以有了诗句“泰山顶上一青松，历尽沧桑不改容”；还有看到长江和黄河的浩荡汹涌，所以有了“风在吼，马在叫，黄河在咆哮”的抗日激情；赏西洋名画《最后的晚餐》，辨正义与邪恶、英雄与叛徒；听一首古曲《十面埋伏》，汉军的威武雄姿，项羽的英雄悲剧，古战场的雄壮、凄凉，再现脑海。在这种审美教育的基础上，不仅能提高人们对真假是非的分辨能力，还能为人生的前进方向进行正确的指引，使人的身心能朝着健康的方向发展。

美育对于智育的发展也有很大的促进作用。古今中外，凡是懂得智力发展规

① 马克思．1884年经济学—哲学手稿[M]．北京：人民出版社，1979．

律的教育家、教师和家长，都特别重视通过美育来促进智育的发展。例如：曾任北京大学校长的著名教育家蔡元培（1868—1940年）先生，第一次把美育确定为国家教育方针之一。他在为《教育大辞书》所撰写的美育条目中写出：美育者要和智育相辅相成，二者缺一不可，目标就是要达到完成德育这一目标。他在教育生涯中，始终不懈地推行和实施美育，为我国近代美育体系的建立和美育思想的发展，做出了重要的贡献。

美育对于体育也是很重要的。体育运动中所表现出的各种动作和姿态，无不体现着美、速度、力量、协调、活力……特别是在花样游泳、自由体操、艺术体操等体育项目中，都渗透着美育的内容。因此，美育对提高体育水平和增进人们的身心健康，都能起到重要的作用。

其次，美育在社会主义精神文明建设中发挥的作用更是不可或缺的。在社会主义精神文明建设中，不仅要加强道德教育、理想教育、纪律教育，提高每个社会成员的精神境界，还要帮助人们能分清真假善恶的界限，帮助人们形成正确的审美观念和审美情趣，提高审美能力，从而培养人们的精神品格和崇高的道德风尚。在这些方面，美育都担负着重要的作用，并越来越受到社会和人们的重视。

美育普及的程度，还是衡量一个社会文明程度的标志之一。在历史上，只要文化事业越繁荣、科技越进步，那美育就会越受到重视。近些年来，人们对美的追求越来越强烈了，这是我国有史以来从未出现过的可喜现象。展望未来，我们相信：美育一定会在新世纪政治稳定、经济腾飞、人民步入小康社会的跨越式发展中发挥更大的作用。

第二章　新时代高校美育工作内涵

本章主要讲述新时代高校美育工作内涵，从四个方面展开叙述，分别是高校美育的历史与发展、高校美育的概念与内容、新时代高校美育目标与原则以及高校美育工作的载体。

第一节　高校美育的历史与发展

一、高校美育的产生历史

美育在西周时期就产生了，西周官学中出现了诗歌、音乐、舞蹈等教学内容。在东汉时期创立的鸿都门学开设了小说、辞赋、字画、尺牍等课程内容，有一些学者认为这是中国最早的专科大学，同时也是世界上创立最早的文专科大学。汉代以来的最高教育机构分别为太学、国子监，他们设置的教学课程有书学和画学。五代和两宋时期成立了专门的画院，被认为是中国古代的美术学院。除此之外，还有一些专门机构如汉代的黄门画工、唐代的少府监、清代的如意馆等从事工艺制作和技术传授。

二、高校美育的发展

在废除科举制度后，我国就出现了近现代意义上的大学，由此进一步推进了美育在高校中的实践。马尾船政学堂被视为中国第一所近代海军学校，在 1866 年设立于福州，教学科目包括画法。之后一些新式课堂也都开设了图画（制图）课，如江南水师学堂、天津电报学堂、天津中西学堂等。京师大学堂于 1898 年设立，开设的艺术类科目中有国画等内容，既是我国近代史上第一所综合性大学，又是当时全国最高学府和国家最高教育行政机关。我国最早的师范学校是两江师范学堂（初名三江师范学堂，后改名为优级师范学堂等），于 1902 年创办，它不仅把图画列为必修课程，还成立了我国高等师范院校中的第一个美术系科——图画手工科，主要教授内容是速写、素描、音乐和国画等。此后，多所师范院校都开设了图画手工专修科或图画、手工课。

我国在 20 世纪初也诞生了多所美术院校，如我国现代美术教育历史上第一家正规美术专业院校——于 1911 年成立的上海图画美术院。于 1918 年成立的北京美术专门学校，是我国第一家具有公立性质的美术学院。中央大学在 1927 年成立艺术系，并开展艺术教育。同一时期，教育家蔡元培先生促进了高校公共美育实践的发展。他不仅在理论方面对美育思想做出了重大贡献，还在担任临时国民政府教育总长时，积极推动教育部的教育宗旨，即“注重道德教育，以实利教育、军国民教育辅之，更以美感教育完成其道德”。蔡元培先生在担任北京大学校长后，开始大力开展美育，并亲自开设美学课，编写《美学通论》，还积极组织美育团体，如画法、音乐、书法研究会，聘请著名艺术家来北大进行讲学，这一举措使北大形成了重视美育教育和艺术教育的传统。

在中国共产党建党后，便更加重视发挥文学艺术对革命的积极作用，专门成立了培养文学艺术人才的学校。例如，在抗战时期成立的鲁迅艺术学院，它是一所综合性的文学艺术学校，创办了音乐、文学、美术、戏剧等一系列院系，学校培养了一大批知名的艺术家与文学家。还成立了延安大学文艺学院、华北联合大学文艺学院等院校。

中华人民共和国成立后，人民生活进入了相对安定与和平的发展时期，国民教育也开始进入正规并稳定发展。随着党和政府出台的相关政策，进一步推动了美育事业的发展和美育在高校中的实践发展。八大美术学院分别包括鲁迅美术学院、西安美术学院、天津美术学院、广州美术学院、湖北美术学院、四川美术学院、中央美术学院、中国美术学院。中央音乐学院、中央戏剧学院于 1950 年成立。国务院在 1955 年的全国文化教育会议上重申了全面发展的教育方针，确保学生德智体美全面发展。在改革开放时期，1980 年召开了第一次全国美学会议，为能在美育领域开展各种教育实践活动提供了基础，一时间美育和美学思想达到了前所未有的活跃程度。在第六届全国人大第四次会议，党和政府重新定义了美育，让美育能重新回到学校的教育中。1986 年 8 月，高等学校音乐教育学会成立。在成立大会上，原国家教委副主任何东昌指出，高等院校要高度重视音乐教育，关心学生的发展，使学生在德育、精神文明建设、体育、美育等各方面得到充分发展。如果缺少其中任何一个方面，教育将是不完整的。从此，“没有美育的教育是不完全的教育”成为广大教育工作者尤其是艺术教育工作者的共识。在20世纪七八十年代多所高校都陆续成立了艺术教育中心、音乐室等艺术教育机构，或开设艺术课程，如北京航空航天大学、浙江大学、中国人民大学、北京理工大学等。国家教委设置了社会科学研究与艺术教育司（现改为体育卫生与艺术教育司），成立了艺术教育委员会，颁布了《全国学校艺术教育总体规划》。国家教委于1988年颁布了《在普通高等学校中普及艺术教育的意见》。在1991年，中国高等教育学会美育研究会正式成立。此后，国务院于1993年颁布的《中国教育改革与发展》中，在美育培养全面发展的新型人才方面提出了要求。同时指出，根据美育对学生审美能力的培养的研究，促进学校美育的发展。而对美育的认识也应相应提高，使美育能发挥其优势，为教育教学的发展做出贡献。随着我国高校教育的不断改革发展，高校的公共美育也越来越受人们重视，因此关于美育的内容也将写入《政府工作报告》中。

《大学美育》教材于1997年正式出版，它是由11所高校共同编写，随后，《音乐欣赏》《美术欣赏》《影视欣赏》等也随之出版。1999年6月，中共中央、国务院在北京召开了第三次全国教育工作会议。在这次会议上，国务院发布了《关于深化教育改革、全面推进素质教育的决定》（以下简称《决定》）。《决定》中明确指出：“全面贯彻党的教育方针，以提高国民素质为根本宗旨，以培养学生的创新精神和实践能力为重点，造就‘有理想、有道德、有文化、有纪律’的德智体美等全面发展的社会主义事业建设者和接班人。”① 另外，对美育工作提出的要求和基础保障还有科教兴国战略。在2002年颁布的《学校艺术教育工作规程》中，国务院就对高等院校的艺术教育提出相应要求：要想促进高校公共美育的发展，提升学生的美育实践参与度，就要开设与艺术相关的必修或选修课程。有几所学校在自身优势的基础上率先开展了艺术教育实践，成为高校公共美育的先锋队，如北京大学、东南大学、山东大学、南京师范大学等。随后，北方工业大学、西

① 中共中央、国务院．中共中央国务院关于深化教育改革全面推进素质教育的决定[J]．人民教育，1999（7）：4-7；12-13.

南大学、杭州师范大学、浙江科技学院等由于学校具有浓厚的美育研究氛围，因此也在高校公共美育实践中作出了积极探索。

第二节 高校美育的概念与内容

一、高校美育的概念

高等教育中的美育是指利用自然美、社会美和艺术美的各种形式，净化大学生的情感和气质，净化他们感受美、欣赏美和创造美的能力，培养他们正确的审美观念、审美理想和审美趣味。

现代的美育已经不再是以往的艺术教育和情感教育，而是一种具有多元综合结构性质的教育。它包含了各个方面的教育，如德育、智育、自然美、人自身的教育以及体育中美与美感的教育。高校学生的美育主要是让他们在美的形象中受到耳濡目染、受到潜移默化的感染，陶冶受教育者的情感，这种教育所带来的影响和作用是说理教育和行为训练达不到的方面。

二、高校美育的内容

伴随着我国高等教育的不断深化改革，学校不仅为受教育者提供了更加自由的学术空间，还为受教育者提供了更加开放的学习氛围。加强了学生在选择学习内容的时间和空间上的自主性与自由度。在现代信息化社会快速发展和大众文化的冲击的背景下，学生可以从各个途径自觉获取关于美育的信息。而作为以美成人的审美教育的发展，需要以审美教育目标为宗旨，不断进行教育内容的丰富，以满足学生日益增长的审美需求。

本书是以大学生人格养成为基础，构建审美教育内容，以人的审美心理结构的基本规律为起点，加强审美认知教育、审美理想教育和审美实践教育等方面的内容设计和实施。

（一）审美认知教育

为了理解审美认知教育的基本含义，首先需要厘清一些基本概念。第一，认知是心理学家用来描述人类认知能力的术语，它包括动态处理（认识）和静态内容结构（知识）。对于认知的理解，还有一些学者的观点存在差异。代表性的观点有以下几种。陈菊先认为："认知（知识）的发展，说到底是结构的发展，是结构的不断扩展和螺旋上升的建构"①。张春兴认为，认知即"认识""学习"，指"个体经由意识活动对事物认识与理解的心理历程"②。从静态的角度看，认知即"知识"或"信念"。认知包括从低级的感知过程到复杂的言语及问题解决过程，它是个体知识经验积累的前提："个体在认知活动过程中获得的各种认知结构或图式，既成为其知识经验的一部分，同时也是人格及其他个体差异发展的基础。③"第二，审美一词来源于古希腊，原意为感性（aist-hesns）。对于审美的内涵学术界也存在一些分歧，主要有以下几种观点：李泽厚认为审美是"人性总结构中有关人性情感的某种子结构"④。周燕认为，"审美是一种与现实的非功利关系，使人在感性直观中享受精神上的愉悦和快感"⑤。但是最后都可以归结到审美是一种情感活动，同样，审美是一种认知活动。审美认知是指在已有的审美认知图式下对审美情境中与审美主体产生审美关系的客体的欣赏和认知，包括感知、判断、推测和评价在内的审美心理活动，而不仅仅局限或等同于其中的某一过程。⑥

由以上介绍得知，审美认知教育就是对于审美活动中的认知过程和接受过程的教育实施，还是一种能对美的信息进行输入、编码、转化、储存、提取运用等的审美信息加工活动。从审美心理学方面来看，审美认知教育是能促使受教育者在审美活动中形成审美心理认知结构，并起着支配未来的审美活动的作用。审美教育活动的主要内容包括理解审美理论、加工和处理审美信息，以及掌握和控制审美行动的心理机制。个体在进行审美活动中的一个重要环节就是审美认知教育，它是获得和运用加工审美信息的内部心理活动，对形成正确的审美感受和审美意识具有十分重要的作用。因此在具体的教育过程中，在原有的审美教育活动的前提下，应注重以下几个方面内容的设计实施：

---

① 陈菊先．语文教育学 [M]．武汉：华中师范大学出版社，1995．

② 张春兴．张氏心理学词典 [M]．上海：上海辞书出版社，1992．

③ 陈少华．人格与认知 [M]．北京：社会科学文献出版社，2005．

④ 李泽厚．美学三书 [M]．合肥：安徽文艺出版社，1999．

⑤ 周燕．审美与启蒙的双重变奏 [D]．金华：浙江师范大学，2004．

⑥ 李波．审美情境与美感——美感的人类学分析 [D]．上海：复旦大学，2005．

首先，在审美基础知识教育中要注重层次性和系列性。当前，大多数高校在开设审美教育课程及活动时，教学重点还是在艺术教育环节，教学内容集中在提升和发展专业类的审美技能，在教学上，还是没有脱离以智育为衡量标准的基本思路。高校以审美为主要课程内容，一般情况下分为两种，一是以艺术专业为标准的必修课程，二是以非艺术专业为标准的选修课程。但在实际情况中，审美教育应该区别于艺术教育和美学教育。审美教育不仅注重对美学基本理论的巩固和讲解，而且将美学原理与日常审美鉴赏有机地结合起来，形成多种类型和层次的内容，从而普及审美教育的基本理论，促进受教育者审美能力的提高。在进行审美教育时，要做到以下几点。第一，通过课堂教学中知识的传授，让学生对美的定义、为何要审美以及如何审美有初步了解与掌握，方便为以后的审美鉴赏提供指导；第二，是要有生活性的审美感知，通过对艺术的具体欣赏、与不同艺术门类的互动，以及日常生活中的审美批判，全面了解各种艺术的审美特质，包括绘画、雕塑、电影电视、戏剧、建筑、音乐、舞蹈等；第三，是把审美教育与各门类科学的教育活动融合起来，增加审美对象的受教育内容，如社会美、自然美、科学美等，最后把教育内容统一到人格的审美中。

其次，大力提升学生对喜、恶、美、丑的审美辨别能力。在后现代主义时期及大众文化的冲击下，传统的审美倾向不再是受流行文化影响的学生的唯一审美视野。在西方现代学派思潮的影响下，大学生对新的审美形式更加关注，如“丑”与“荒诞”。因此，在日常的审美教育中，要提升学生对喜、恶、美、丑等审美形式的辨别能力，这也应当是教育内容的一个重要环节。这些不同形式的审美形态从多个角度刺激着大学生的情感和感觉，从而使学生的人格发展受到影响。比如：悲剧可以在剧情的影响下，引起人们的怜悯与恐惧的情感，从而使人们的灵魂得到净化和陶冶。悲剧引起我们的怜悯和同情正是因为悲剧的主人公往往不是因自己的罪过而受苦，而是因自己的错误和缺点而受苦，特别是他不是一个伟大的英雄，而是一个像我们一样的普通人，就可能担心自己也会因为同样的错误和缺点而受到惩罚，由此也就引起强烈的恐惧和焦虑的感觉。悲剧的故事情节总是会先压抑情感然后再给予人们鼓励。虽然悲剧会出现关于不幸、死亡的情节，但它本质是崇高的、壮丽的。在面对悲壮的境遇时，人们的英勇不屈的品格使我们的崇敬之情达到了顶峰，从而激发起努力向上的意识。在崇高的悲剧精神的感染下，人们渐渐摆脱了低级庸俗的趣味，开始变得胸襟开阔，生活质量也在不断得到改善。由此可见，悲剧能引起人们的怜悯之情，从而净化人们的灵魂。

喜剧与悲剧不同，喜剧带给人们的审美体验是轻松愉悦的。喜剧一般是先制造紧张的情绪，之后在主体不会付出代价的情况下解除这种紧张的情绪。整个过程先惊后喜，由最开始的知觉想象到后面的理解顿悟，感情的变化速度快，也不会受到心灵上的痛苦。在喜剧的整个情节中，压力会得到缓解、情绪会得到放松、精神能得到休息、心理也能得到缓和。这对于常处于紧张情况中的人来说，可以达到一种极好的心理补偿效果。喜剧欣赏需要深思熟虑和敏感的审美思考，巧妙地揭开不协调的喜剧性，揭示其喜剧意义，审视人类社会和个人自身的恶习、缺点和弱点，揭开喜剧中反常、不协调等的可笑之处，以锻炼和加强观众敏锐的审美判断力，实现对自我和现实的超越。喜剧教育培养了人们具有幽默性的审美心理和乐观的人生态度。喜剧的幽默性对人们产生了深刻的影响。有幽默感的人乐观豁达，更易于接受一切，笑对人生。幽默的乐观态度使他们能够笑对尴尬的局面和错误，平心静气地面对生活的起伏，并清楚地看到当下的矛盾和不足。

丑最初包含原始人的宗教活动，对神秘世界的恐惧是其表现内容，是在主体仍处于无知状态，意识尚未完全觉醒的基础上产生的。丑会引起人厌恶的原因是它看起来不顺眼，违反了我们对秩序与和谐的爱好。荒诞是一种非理性和异化的审美形式，在这种审美形式中，人类实践活动的巨大认知局限性导致了人类行动的盲目性、本质的扭曲和异化以及所有价值的丧失。现代戏剧《等待戈多》是一部荒诞主义作品，其中唯一的主人公戈多滑稽而徒劳的等待，显现着人类生活的悲惨无奈。这部戏剧既让人感到搞笑又能引起人们的深思，使人们在对主人公的命运感到不公时，会不由地想到自身的处境，进而找寻改变现实的出路。荒诞感的笑不是真正开心的笑，而是无可奈何、苦不堪言的笑。

丑和荒诞往往更加具有深刻的意味，“一旦放弃了通常的与和谐的，而且一旦形成的不平常的选择强烈吸引我们的注意时，我们便能领会到，那激发美感的东西表现了藏在内部的有价值的精神生活。……一般说来，丑如果突然出现，就会含义深长。[①]”荒诞艺术促使人们从麻木、平庸的生活中猛然醒悟，深刻意识到生存环境的荒诞。它以非人化的人物形象表现人的尊严、价值的丧失，成就了“作

① 德索. 美学与艺术理论[M]. 北京：中国社会科学出版社，1987.

为人而成为人”的价值的要求。从丑和荒诞感中诞生了摆脱丑陋和荒诞的愿望，在审美理想指导下从事审美创造的实践，以抑制丑和促进美，并通过自己的行动建立一个更美好的世界。

最后，在民族传统文化中，加强审美引导。根据荣格（Jung）的集体无意识理论，不同的民族和国家有不同的文化心理，或人格特征。中华民族有五千年的历史，其独特的传统文化、博大精深、经久不衰，是社会美和人性美的优良代表。众所周知，人类历史上曾有四大古文明，分别是埃及文明、两河流域文明、印度文明和中华文明，在这四大古文明中，有的古文明几乎消失不见，有的古文明中断过，唯独中华文明既没有消失也没有中断。之所以源远流长是因为中华民族的传统文化极具合理性，且有着深厚的文化底蕴和强大的生命力。中华文化不仅塑造了中华民族的国民性，还历练了中华儿女的民族魂。中国优秀的传统文化不仅是中华民族劳动人民道德智慧的结晶，还是中华民族能屹立于世界民族之林的基石；不仅是无数中华儿女坚强的信念支柱，还是中华民族的巨大财富和不竭的精神动力。鲁迅先生就曾指出，越是民族的就越是世界的。由此可见，一个国家如果没有深厚的民族文化底蕴，那就不会具有独特的个性，也不会得到世界文化的认可。

不仅人格养成的先在性要求审美教育要具有优秀的民族文化元素，同样人格养成的历史继承性也有同样的要求。换个方面说，真正意义上的审美教育是具备着鲜明的民族意识的，审美教育要想具有审美价值就需要继承优秀传统文化因素。近年来，国家开始重点关注民族传统文化的重要意义，并不断深入挖掘民族传统文化中的巨大价值。同时一些有着深刻爱国情怀的学者自觉地把弘扬优秀传统文化作为首要任务，于丹的《〈论语〉心得》《〈庄子〉心得》很好地实现了《论语》和《庄子》的大众化传播。近些年流行起来的“国学热”就说明人们在追寻着并渴望回归传统文化。有学者曾将中华民族传统总结为八大精神，分别是：“讲道德重教化的德为先精神；为民族重整体的国为本精神；行仁政重正民的民为重精神；尚志向重气节的人格精神；讲和谐重合群的和为贵精神；观其行重自律的修身精神；讲诚实守信用的诚信精神；尚礼让讲勤俭的节俭精神。①”显然，中华民族的优秀传统文化是值得弘扬的思想和精神财富。加强中国传统文化的教育价值，

① 朱仁宝．论中华民族传统文化的教育价值[J]．浙江社会科学，2005（5）：75—78．

弘扬优秀文化传统，是大学生理想人格教育的重要内容。

（二）审美情感教育

从概念方面来说，审美情感就是审美主体对关于美的各种意识形式的心理表现和情感表现，审美情感主要包括以下几部分内容，分别是审美理想教育、审美关爱教育和审美修养教育等。在审美活动中，审美情感不仅产生于主体的审美实践，同时也引导并规范着主体的审美实践活动。在以美成人的审美教育活动中，应注意以下几方面的教育内容。

第一，注意审美理想教育。在审美意识中处于最高层次的审美范畴就是审美理想。审美理想在艺术活动中能得到最充分、集中的体现。审美理想是依靠审美经验产生的，是审美经验的高度概括。审美理想在社会实践中产生，人的整个社会活动在某种意义上是一个不断认识现实、创造理想和实现理想的过程。正是在这个过程中，人的审美理想形成了。审美理想是审美经验的凝结和升华，它不同于一般的社会理想和概念，它的特点是不能被逻辑概念所更新或取代的经验性思想。但是，如果想让审美理想得到充分的表现，只有通过审美理想的“棱镜”反映现实的艺术才能充分表达，将它“物质化”，并使它能让所有人接受。

审美理想在人的认知活动中发挥着极为重要的导引与推动作用。对美的坚信与追寻是许多重大科学发明的基本动力。比如，哥白尼提出的令世人震惊的“日心说”，在一定程度上就是源于对科学美的追求。尤其是受毕达哥拉斯派提出的圆（球体）是最美的图形、宇宙是球体等美学思想的影响。这种影响的有力解读者是伟大的科学家爱因斯坦，他曾明确指出，在他从事科学活动时：“所有这些努力所依据的是，相信存在应该有一个完全和谐的结构。今天我们比以往任何时候都更没有理由容许我们自己被迫放弃这个奇妙的信念。①”审美理想是审美主体内心的审美经验和艺术直觉，不是审美主体所表现的逻辑形态。康德认为，审美理想是审美主体的先验条件，为审美活动提供标准和条件，审美理想还是审美活动发生的重要前提条件和基础。审美认知将审美理想作为固定的认知标准或衡量标准，所以审美理想对认知活动也有重要影响。因此，建立一个正确的、积极的审美理想对当前大学生的人格发展至关重要；它将认知功能引向理想人格，并根据

---

① 爱因斯坦．爱因斯坦文集第1卷[M]．北京：商务印书馆，1978.

理想人格提供的标准和条件来构建大学生的人格。

第二，注重审美关爱教育。一般情况下，物质需要和精神需要是人的基本需要。在审美活动中，审美情感是审美主体自觉获得的内在心理感受，审美关爱教育与审美认知教育不同，审美关爱教育没有与实用功利的目的联系在一起，而是更注重人格本身与审美情感的内在契合。在审美关爱教育中，教会当代大学生学会关爱、真诚是最重要的，同时还要在人格中构建中国传统文化所特有的“仁”的特质。

长期受社会中不同思潮的影响，以及高等教育在改革中未解决的矛盾，使得大学生在人格发展过程中，只得到了部分学生的实用性和功利性追求的价值认可。而在现行的教育中，往往都忽略了关爱、真诚教育。由于当前有不少的青少年学生都是独生子女，导致他们以自我为中心，忽视了他人的情感感受，从而产生了在人际交往方面的困惑。究其原因，一个重要方面就是缺少审美情感，因为家庭和学校缺乏对学生的关爱教育，也就出现了学生缺乏对审美情感的关注，进而难以形成对关爱等重要审美情感的重视。从高校的审美教育角度看，要想培养大学生的审美情感，关键在于要发展和建设高校美育。当前有不少的高校都在组织和倡导志愿服务活动，这种活动组织既是有效的德育手段，又是培养大学生审美情感的重要方式。除了上述方式，高校还可以依靠课堂上的美育教育、校园环境的文化熏陶和校园活动的引导，以此来帮助学生形成健康的人格。因此，高校学生品德教育的目的是唤醒和培养学生的审美情感，通过各种关爱活动，教育学生对他人充满爱心，在家里关爱亲人，在学校诚实待人，要尊重老师，关心集体，对同学互帮互助，培养高尚的道德品质、良好的行为习惯和积极的合作精神。长期坚持下去，学生将能有意识地形成积极的情感体验，关心周围的人和事，并照顾他们，这对完善他们的人格品质很重要。

第三，在审美修养教育方面，要加强关注力度。“修养”一般指个体的自我锻炼、自我培养，以及在此基础上形成的各种能力和品质。审美修养教育则是在审美教育中有意识地促进受教育者审美心理结构的自我完善和发展。也就是实现审美他育到审美自育的转变。从这个意义上讲，审美修养教育是审美教育的一个极为重要的目标。在我国，审美修养教育有着深厚的文化基础和现实意义。许多古代美学思想家不同程度地讨论了个人发展多元化修养的重要性，并以审美教育的理念为指导。比如，孔子曾提出“修己以敬”“修己以安人”“修己以安百姓”“文质彬彬，然后君子”等重要思想，把内在修养与外在举止的统一作为理想的人格的基本特征。强调审美教育的其他例子包括蔡元培先生的“以美学教育取代宗教”的想法、高尔基提出的“美学是未来伦理学”等。

在审美情感教育过程中，要引导学生注重自己的自我形象和内在气质的修养，帮助他们认同正确的审美修养标准，并有意识地以这些标准来要求自己，从而逐渐对自己的人格产生审美影响。作为审美修养，审美教育与德育不同，它不依靠强制措施或反复灌输来为学生设定某种标准，而是注重尊重每个学生的特点，强调环境的熏陶，引导学生主动修身养性，在美的标准影响下，促使学生从内心深处主动提升个人的修养，使自身的改变能在气质上散发出来，从而得到大家的尊重。

审美情感的本质意义、最终意义是帮助人们达到和谐的状态，是能够促使人们不断积极追求找回人的本性的过程。古希腊的一位哲人说，人体的美就是构成相互间关系以及对整体关系的各部分之间的对称，而心灵的美则是精神以其对整体关系和相互关系的各种因素的对称。

（三）审美实践教育

审美实践教育不仅能有效促进感性发展，实现审美情感教育，还能促进完整人格的形成。感性既指向艺术，又指向现实，美育以感性为起点，实现价值生成。“在当代社会，人愈来愈生活在数字与图像的包围中，审美感官的迟钝及感知对象的非真实性，成为影响人全面发展的重大问题。作为感性教育的审美教育，其首要的任务就是培养人对外部世界的感知能力，即整个身体与对象世界的相融。这种教育目标虽然看似低级，但对人的全面发展却是奠基性的。[①]”感性发展有两个层次，一个是感性要求的满足与解放，一个是感性的提升与塑造。审美实践教育包括审美体验和审美创造等环节，并由其组成。审美实践是通过人的自主性实践，自由自觉地创造美的渐进式体验，是对美的意义最深入和直接的表达。审美实践教育是功利与超功利的统一与结合，它既内合于美的无功利性，又指向人格养成这一功利性目标。

---

① 刘成纪．美育哲学基础的重建[J]．郑州大学学报（哲学社会科学版），2008（6）：96-98．

社会美是审美实践的重要环节。一般来说，“人的生命首先是一种自然生命力，生命的存在与运动使人具有自然的需要和欲望”[①]。然而，在人类漫长的进化过程中，其感性生活在社会实践中不断受到理性的调节，并逐渐积累了社会文化内容，赋予了人的感性生命新的内涵。我们可以说，真正的人的感性能力是作为社会人的感性能力，也就是说，情感中嵌入了感性能力：感知、理解和判断。

美育能在审美的基础上解放人的感性因素，使人在这一过程中能得到适当的释放和文化提升，从而达到一种目的——激发深层心理活动中的非理性因素，使人们能保持一种旺盛的活力。在美学教育的实践中，必须考虑这两个层次的感性发展，既要满足学生的基本感性需求，又要使他们的感性能力在此基础上有所发展。满足感性需求是发展学生感性能力的基础，使他们能够获得更高水平的感性满足，两者是相互关联、相互促进的。如今的美育实践中存在一些问题，如美育实践偏向知识技能的教学，忽略了实践的教学和学生的兴趣与审美需要，这也就导致了学生的感性需求得不到满足。如果学生的需求在学校的美育中得不到满足，那学生的注意力必然会向校外转移，学生的美育也将更多地受到大众的影响。由于学生的感性能力较为缺乏，所以经常会受到消极的大众美育的影响，结果就是会渐渐地沉溺到感性世界中，会过度地宣泄个人的主观情感，会一味地追求感官的刺激，以至于会失去对自然、人生和艺术的原有把握与理性思考。

美育实践的首要任务就是发展学生的感性能力。因此，在美育教育过程中，不仅要做到以直观的审美形式为基础，还要尊重、发展学生的个性。原因就是个性包含着感性，没有个性也会没有感性，要想使人的感性因素能有自由表现的机会、能有充分发展的权利和条件，那只有富于意蕴的直观形式能做到。所以笔者认为在美育实践中促进感性发展，需要做到以下几点要求：

第一，要做到尊重与培养个性。在美育中有非常重要的一点就是不脱离感性，即不与现实生活和历史具体的个体相脱离。因为在个性中能看到感性的存在，尊重感性也就代表着尊重学生的个性，而发展学生个性是美育作为感性教育最基本、最重要的目标。严格意义上讲，审美教育才是尊重个性、构建个性、强化个性的本体意义的教育。尽管德育也倡导个性化教育，但任何一个具有严谨态度的教育

---

① 王旭晓．感性、理性、审美与人的完善[J]．南京理工大学学报（社会科学版），2000（1）：31—38．

学者都要承认德育中的“个性”只具有方法论意义，且德育在本体上是建立某种普遍的道德伦理规范。在智育方面，尽管个体对世界充满好奇并会在根本上受到某种尊重与保护，但无论个体用哪种具有个性化的方式来把握世界，这些体验最终都会贴近于某一真理性的知识。作为感性活动的审美，其要求审美对象的存在要个别、具体且生动，审美主体也要有个性的眼光、体验、感受、直觉与洞察力。审美不仅期待着个性，而且造就个性、生成个性，没有个性也就没有审美，也就没有审美教育。

第二，尊重学生在感性方面的需求，完善学生的感性机能。人的感性机能在审美和艺术活动中有着不可或缺的作用，人的感性机能主要包括感觉、知觉、想象和情感四部分，还分为两个层面的机能，一个是感官层面的机能，一个是情感体验层面的机能。这种感性机能的核心是情感，但又不会只是情感。原因是感性是肉体和精神的个体性层面，既包含生理层面，又包含心理层面。感性教育的核心是完善心理机能，同时也要注意生理机能的完善。人的一切活动，包括审美和艺术活动都要以一定的生理机能为基础。因此，在人的审美和艺术活动中，要重视学生的感性需要。

第三，利用好直观的审美创造，使学生的观念意识受到影响，并能形成良好的审美趣味和审美观念。感性教育不是以逻辑结论为目标，其最终的任务就是把握审美对象内蕴，这样才能更好地领悟与理解审美对象。然而在传统智育教育的影响下，人们在了解与把握世界时，习惯用概念和推理的形式进行，这样反而会忽视实践和体验的直观形式进行探索。其实直观形式比概念形式更具有丰富的观念意识，且这种意识更深入人心，也更容易产生影响。尤其是在当今时代背景下，人们常以理性来认识世界，所以我们更需要把直观的作用发挥出来，也更需要发展人们的感性认识。也正因如此，所以才说美育是一种感性教育。

第三节　新时代高校美育目标与原则

一、高校美育的目标

由以美成人的高校教育理念可以得出，高校的美育目标的基本定位是要突破唯理性主义和物质主义，要坚持促进人的全面发展和美好生存。同时，培养完善的人格呈现出高校美育总目标的另一面。换句话说，美育目标的选择和规划始终围绕着大学生人格的发展和完善，这成为新时期确定美育目标的主要依据。新时期的大学生人格体现出了一些特质，即独立和谐、人文关怀、创新洒脱、积极乐观、开朗热情等，针对这些特质，高校的美育目标应由三个维度的子目标构建而成，接下来讲述三个子目标分别是什么。

第一个维度是大力提升学生的审美需要层次，目的是要加强审美教育对学生的生活和审美认知的内在动力的关注力度。因为学生的审美心理不是灌输得来的，而是通过自主性构建而成的。在审美教育中如果忽视了学生的自主性，对学生审美意识的自由发展也没有加强重视，那学生内在的审美需要就会得不到提升，学生内在审美人格的形成就更不可能。

第二个维度是全面培养学生的审美感受和审美判断力，使得学生人格中的感性和理性要素能共同发展，从而形成有机的项目联系。同时也强调了在协调学生的人格发展中，审美教育所发挥的重要作用。由于学生的审美教育不是通过灌输来影响人格的完善，所以在学生的审美情感和审美选择上就应该有一项基本目标来进行规范。

第三个维度是帮助学生形成理想的人格结构，即稳定化和普遍化，并促使学生渐渐形成能适应如今社会发展的时代人格品质。这不仅是审美需要层次提升的结果，也标志着审美情感和审美判断处于高级阶段。

二、高校美育原则

人们在观察问题和处理问题时，会以原则为标准，同时在看待问题和处理问题时，也会受到观点、立场和方法的影响。原则是从自然界和人类历史中抽象得出的，只有正确反映事物的客观规律的原则才是正确的。

教育原则来源于教育实践，教育实践是教育原则发展的根源和基础，也是教育原则不断丰富、发展和更新的唯一来源。在教学实践中经过不断的摸索，人们逐渐发现了一些成功的教学因素，这些教学因素有一定的规律，也意识到某些不成功的教学因素，之后一些先进的思想家和教育家将其总结、提炼和概括为理论原则，这一原则成为指导教学实践的基本准则。

（一）乐中施教的原则

美育是使人们感受到“乐”的教育。人们只有感受到快乐，才能更好地接受教育。贺拉斯（Horatius）是一位古罗马诗人，也是文艺理论家，他在《诗艺》中提出了“寓教于乐”的美育原则并说明了诗能带给人们乐趣，同时他还劝诫和启发人们：确实如此，美不仅能使人的情感激荡，还能让人们的感官得到愉悦的满足，从而也更愿意接受教育。能让人们的审美感到愉悦的途径不仅有审美对象，还有对自己智慧与力量的肯定。因此，美育活动的受教育者往往处于一种幸福的心理和精神状态，从而能产生强烈的情感体验和巨大的审美愉悦，这种幸福感是感染、激发和参与审美和美育的重要因素。

乐中施教原则就是在对学生进行美育教育的过程中，依据教育目标，并与学生的审美特征相结合，采取因材施教教学原则，把学生原本的生理愉悦变为充满理性的高尚情操。这种寓教于乐的教学方式是审美教育所具有的独特优势。在美育过程中，教师应遵循以美育人、以乐育人的原则，将愉悦教育和形象教育贯穿于整个教育过程。

但在现实教育中，高校的美育工作往往会出现与现实不同步的现象。有些教学内容和教学方法比较老旧，教育的有效性程度甚至也不相同，这就导致了在教学上单一地讲道理，从而忽视了学生的实际情况和个性差异，导致学生在接受教育时处于被动状态，这将使学生失去学习的积极性，甚至会出现厌恶、抵触的情绪。如果将愉悦性贯穿到大学生的人格养成中，则会弥补美育工作中的不足。因此，在学生的人格养成教育中应注意激发学生的兴趣和动力，变被动为主动。在审美教育的帮助下，学生可以在既生动有趣又有深刻意义的活动中接受教育，这样才能够达到事半功倍的效果。

要在学生的人格养成教育中融入愉悦性，最重要的是，在教材、教育活动、教师教导和活动环境上，要做到必须是有趣的、有吸引力的，这就需要认真撰写教材，以确保与学习的实际情况相联系，而不是空洞的理论的言辞。此外，美育教学可以利用演讲、辩论和现代化教学手段等多种形式来把握大学生中的热点问题。还要注意在以美成人的美育工作中，设计一些适合学生的活动，如观看正能量的影视作品、鼓励学生演出自己的故事、举办积极向上的歌曲大赛和绘画大赛等活动，让学生在欣赏美、创造美，在自我欣赏中，随着情感发展的体验，实现美的意识自觉，从而使人格得到升华。总之，美育参与教育活动所产生的快乐使学生成为教育世界的发现者和创造者，将学习过程转化为丰富的精神体验，并引导学生形成高尚健康的人格。

在美育教学过程中，还要遵循形象教育。美是一种形象，在面对美的形象时，不能只用理性来感知，还要用感性、情绪和想象来感知。在米开朗基罗设计的《大卫》像中，就体现出正义、顽强的精神气质，以至于在后来的生活中，人们把它作为一种保家卫国的精神象征。米洛斯的维纳斯雕像更是有一种崇高的内在精神美感，这种精神美感主要以卓越非凡的雕刻技巧、完美的艺术形象、高度的诗意和巨大的魅力等形式体现出来。从古至今，美育都是以形象性给人们带来了精神上的愉悦，教会人们感知山川大地的美，如何从丰富的美的形式中捕捉、表达和创造新的美，从而陶冶情操。美育是在审美形象的基础上实现以情动人。形象性不仅仅是感性形象，也是对形象情感意义的体验和感知，如果没有感性形象的创造和运动，那情感的唤起、持续、深化和表达是不可能发生的，可以将形象性贯穿于美育中，用美来引导善，让人们受到潜移默化的影响。

在大学生的人格养成方面，作为形象直观的美育教育，体现在给予学生创造性思维的空间。通过如诗如画的意境、内在情感和外部景色交融的意境，使学生身临其境，从而激发学生的想象力，提高学习的积极性。这也引发了学生的创作灵感，使他们能够抓住机会进行创作，丰富和活跃他们的想象力，最终达到智力成长和个人发展的目的。因此，在审美教育中，可以安排一些让学生亲近并感受大自然的相关活动，如露营、远足等，让学生在欣赏自然风景与名胜古迹的过程中，提高审美兴趣；还可以通过引导学生欣赏各种著名艺术家的作品，让学生体会美的深厚情感和所具有的意蕴。无论是大自然中的景象，还是著名艺术家的作品、音乐、绘画和影视，都蕴含着作家的心血、创新和对人性中真善美的领悟与思考，这也是人类的宝贵精神财富。把经典的美与美育内容紧紧结合在一起，这对促进大学生人格和谐发展有着十分重要的作用。

艺术与科学有着共同的基础——人类的想象力与创造力，而美育是连接现实与想象力、精神与物质之间的桥梁。换句话说，也正是这个原因，以美成人的美育才能让学生在接受教育的过程中愉快地享受美的教育，从而净化心灵，激发创新思维，实现人性中的美好和谐。

（二）潜移默化的原则

人格的养成不是一瞬间的事情，而是一种伴随人一生的个体养成教育；美育的效果也不是能立刻凸显的，而是一个长期的培育过程。学校里几乎每件事都对培育学生的人格有着一定的影响，因此美育在学校育人过程中占据着十分重要的地位，也是学校全方位、全过程的重要教学内容。在开展美育教学的过程中，不能急于求成，这是一个长期的教育，要坚持潜移默化的原则。美育所坚持的潜移默化原则是指美育要贯穿高校的各个方面，使学生的思想与品德在不知不觉中受到感化，朝着好的方向改变。美育坚持潜移默化原则主要体现在两个方面，分别是在教育的整个过程贯穿、在校园文化中贯穿。

一是在美育教育的全过程贯穿潜移默化原则，因为在教育的全过程中都存在审美，如学校布局、教育环境布置、教学、后勤管理、各种教育活动等。包含审美的教育是为了实现教育目标和教育活动的教育，促进学生的全面发展，包括人格的发展，使得每个学生的不同潜力都能得到发展。美育教育希望学生在教育活动中能有多方面的发展，如获得知识技能、提升审美情趣、发展体力智力，还希望受教育者能形成健康的人格修养。教育过程中的美能使学生精神振奋，使他们充满自由创造的喜悦，只有这样的活动才能使他们兴奋并积极地投入。美育就是让学生在轻松愉快的氛围中受到美的熏陶，在获得知识的同时赋予他们个性、塑造他们的人格，以潜移默化方式实现人格全面和谐的发展。

学校美育是艺术、知识与技能的教育，也是贯穿教育全过程的一种教育理念，主要体现在教育艺术和教育方法上。因为美育中有施教者的人生体验和情感创造，这是一种对教育技巧的超越和升华。学校教育中的具体教学内容、每项活动的实施过程，都应该是美好的，能使学生获得各种知识，并以欣赏的眼光参与其中，使教育活动成为一种特殊的审美活动，使每个参与这项活动的人都能感受到它的美，并在潜移默化中丰富自己的人格发展。

需要注意，要在德智体美劳各方面教育中渗透美育。在德育教育过程中，要想使得德育教育充满快乐并有吸引力，就需要强化艺术鉴赏、文体活动、实习实践、时事教育、文明规范等形式、内容和过程。在智育教育方面，美育和智育是相互促进、相互发展的，当学生拥有丰富的文化知识和良好的智力时，那学生在感受美、理解美和创造美方面也会拥有较高的水平，同时这将对他们的艺术修养提升有很大的帮助。丰富的想象力和创造性思维可以帮助学生培养健康的审美情趣和美感，使学习更加愉快，并使他们获得劳动和创造的乐趣。在体育教育方面，学校应促进健康与体育、科学与艺术、运动与形体的结合，并把体育作为提高审美水平的过程。体育活动注重的是过程，需要互助合作的美德，有健康美的姿态，有节奏的协调和优雅的动作，有克服困难、坚持不懈、刻苦耐劳的精神，这意味着需要磨炼个人的意志、思想、情感、人格和心理品质。在劳动技能中，同样也需要贯穿美育，通过对学生劳动技能的培养，使学生能掌握技能知识，并学以致用，从而培养学生的劳动观念和劳动习惯。创造是对美的享受，让学生在创造过程中享受审美乐趣，创造出美的作品和美的生活，从而激发对美的追求、对美的理想和陶冶美的心灵。

总的来说，在大学教育和人才培养过程中，美育不仅要相对独立，发展具有特色的学科，还要注重在教育全过程、全方面的渗透，做到潜移默化，最终能够成为大学教育中的重要内容，成为综合教育——渗透于学校的教育、管理和服务等各个方面。

二是在校园文化中渗透并贯穿潜移默化原则。校园文化是一种特殊的社会文化，是由校园文化教育、文化队伍、文化生活、文化制度、文化环境、文化政策及文化组织和设施等构成的复合体。换句话说，通过学生的直接参与，建立强大的文化组织，利用现有的文化设施和政策，在校园内开展各种文化活动，营造特定的文化环境，倡导特定的文化理念，形成科学的思维方法，形成独特的校园精神和风气。

美育实施有一条重要途径就是校园文化，由于校园文化具有丰富的内涵和色彩鲜明的特点，因此其在高校中也发挥着多种功能，这对帮助大学生塑造完美的人格具有不可或缺的作用。首先要建设优美的校园环境，以此丰富学生的审美体验，让学生在校园中能一直受到美的熏陶。校园环境是校园文化的体现，如宽敞明亮的教室、充满绿植的小路、安静整齐的图书馆和具有深厚文化底蕴的人文景观等，这都会使人心情愉悦。可见，优美的校园环境对学生的学习和活动都有着积极意义。校园是主要的教学场所，也是学生长期生活的家园。生活在没有秩序、环境较差的校园里的学生，难免心烦意乱、坐立不安；而生活在良好的校园环境中的学生，则被美所包围，并能享受美，对美的感受也会不断增强。其次就是利用校园文化的审美性促使大学生追求高尚的人格。校园文化的审美特质如同“春风化雨，润物无声”，有助于学生对形成高尚人格的渴望。我们要积极营造和发展以治学、求实、创新、团结、仁爱、健康为核心的校园文化，让学生直观地感受到这种氛围，把美感吸收到心里。积极弘扬先进模范人物与集体的事迹，充分发挥激励和教育作用，通过良好的校园作风和氛围，满足学术和科学生活的需要，锤炼学生的思想觉悟。

（三）因材施教的原则

归根结底，美是一种主观的感受、是主体性的审美，具有不同审美趣味的个体在不同的生理和心理系统基础上形成不同的审美需要、审美能力和审美价值。因此，在美育教育过程中，要坚持因材施教原则，根据学生的实际情况，如能力、性格等，有针对性地实施美育教育，从而让大学生的人格能自由并和谐的发展。

尊重学生的审美个性选择，对促进健康人格的形成非常重要。从教育学方面来看，因材施教的原则体现了对学生主体地位的充分尊重，并以科学的态度对待学生身心智力的个体差异，为学生的后续发展留出空间。从教育教学方面看，根据学生的现状和不同的特点进行有针对性的教学，以不同的方式、不同的条件、不同的方法达到最佳的教学效果。在教育教学中，因材施教原则体现出学生身心发展规律，是符合大学生人格发展规律的基本原则。

在以美成人的美育教学过程中，贯彻因材施教原则可以从以下几方面实施。

首先，明确定位，根据实际情况进行美育教学。在对学生进行教学前，要全面了解学生，了解他们擅长的地方和差距较大的地方，对学生的审美认知水平要有准确的定位，了解每个学生的特点，根据这些情况来帮助学生了解自己的审美情况，认识自身所具备的优势，从而调动学生学习的积极性，帮助他们树立自信心。

其次，针对学生的个性特点，设计最佳方案，使其个性得到充分发展。在美育过程中，要求教育者对学生的一般知识水平、接受能力，以及每个学生的爱好、兴趣、身体状况等方面都充分了解，以便从实际出发，分别设计不同个性特点的学生成长的最佳方案，有针对性地进行美育。

最后，正确对待个别差异，激发学生的学习兴趣。在以美成人的美育中，要充分尊重大学生的需要、兴趣和各方面的才能，使学生在美育过程中找到自己最喜爱、最擅长的领域，并在这一领域中深入下去。在这一过程中，要求教育者必须对所教学生有详尽的了解，最大限度地掌握学生的兴趣所在，不失时机地引导鼓励学生，以增强他们的自信心，激发学生提高自我美育的主动性。在美育中，只有认真贯彻因材施教的原则，才能有效地培养学生审美的兴趣，提高学生的审美能力，促进学生个性的协调发展，从而帮助他们建构和谐人格。

（四）循序渐进的原则

美育中的循序渐进原则是指在大学生人格养成的美育过程中，要根据大学生认识发展的顺序，由浅入深、由易到难、由低到高逐步进行的原则。

按照认识的规律，人们对事物的认识总是由感性到理性、由表及里、由此及彼的，学生学习的过程也是如此。以美成人的美育的循序渐进原则就是要求教师按照由近及远、由简到繁的认识规律来组织教学。学生在完成了中学阶段的学习后，升入大学进行学习，是从人生的一个阶段进入了另一个阶段。这一阶段的学生一般缺乏实践经验，他们的心理、思想与行为处在从发展中逐渐走向成熟的阶段，他们的审美观有正确的也有错误的，有高尚的也有低级的，有健康的也有畸形的，不良的审美观往往使他们无视美、歪曲美，甚至以丑为美，严重影响他们身心正常发展。因此，在审美教育中，首先要进行大学生自然美、艺术美、社会美等欣赏能力的培养，当大学生形成一定的高尚健康的审美情趣时，再发展其审美想象和艺术创造能力，最终使其构建起高尚完整的人格，这是一个循序渐进的培养过程。

首先，要帮助大学生养成正确的审美态度。简单地说，审美态度就是人们在审美活动中所持的审美观。正确的审美态度是以美的眼光来认识世界，以美的视角来分析世界，在对美的欣赏中实现对名利与物欲的超越，在愉悦的心态下达到精神世界的自由与陶醉。正确的审美态度可以让大学生养成乐观向上的世界观、人生观和价值观，善于发现生活中的美，以美的经验来化解问题与矛盾，不瞻前顾后、患得患失。正确看待前行中遇到的困难和磨难，不轻易被摧垮和打倒，善于化解各种竞争的压力为无尽的动力，快乐地学习、轻松地工作、幸福地生活。

其次，要帮助大学生提高审美欣赏和判断能力。审美欣赏和判断能力是人们在审美活动中发现、感受、判断和欣赏美的能力，它帮助大学生正确区分美与丑、善与恶，使他们摒弃邪丑恶、发扬真善美，按照美的理想去创造世界的先决条件。审美能力的培养要从两个方面入手：一是要紧抓知识传授的环节，占领课堂教学的阵地，通过美学基本知识的传授，使大学生掌握基本的美学常识和美学理论，了解美的本质和特征、内容和形式，使大学生具有初步的美学修养，并在此基础上，形成正确的审美标准判断，在审美活动中起到理论上的引导作用；二是要大力开展审美实践活动，使学生在课外、校外丰富多彩的艺术实践中，在具体可感的审美体验中，在美丽的大自然和社会的广阔天地中真正学习美、了解美、感受美、欣赏美，在美的感染中使情感得到升华、审美能力得到提高、人格结构趋于完善。

再次，要培养学生的审美创造能力。完善人格构建的重要目标之一就是要发挥人的创造性。审美创造能力是指人们在审美实践过程中，按照美的规律、遵循美的原则、自主创造美的事物的能力。大学生具有热情好动、求变求新的特点，高校美育要鼓励大学生的创造热情，同时引导他们自觉地用美的尺度来评价、指导自己的生活，按照美的规律来美化主观世界和客观世界。学校美育要引导和鼓励学生对美的创造热情，为他们搭建创造美的平台，使他们有充分的机会来展示自己，有足够的勇气和能力去描画自己和世界的未来。美育是激发主体的创造欲望、培养大学生的创造能力、实现其完善人格的有效途径。

最后，要帮助大学生自觉地以美修身。大学生年轻、好学、有知识、有才干，但有知识不等于有了高尚的人格，有才干也不等于能干出一番大事业。高尚的品格来自美的塑造。高校美育要帮助大学生自觉地按照美的标准和规律修身养性，塑造美好的自我形象。大学生审美素质的养成，不仅要靠自身努力，还在于他们所赖以成长的特定环境，以及他们成长过程的走向。因而，加强美育，提高大学生素质，是一个持久的全方位的系统工程，应该包括规范设置艺术鉴赏课；广泛开展课外活动，开辟美育第二课堂；加强校园文化建设；美化校园环境。学校还要通过健康向上的艺术实践，激活大学生自身潜能，完善其人格，抖擞其精神，使大学生在审美修养的不断提高中实现生理、心理健康和谐的发展。

此外，循序渐进原则还体现在不断反复的美育过程中。细雨润物，贵在不断熏陶，好的艺术品百看不厌，优美的歌声反复传唱，优秀的文学作品流传百世，而每次欣赏都会有新的感受。因此在以美成人的美育过程中，学生的认识在不断地深化，想象在不断地发展，体会在不断地加深，所以美育的过程需要不断反复、加深，在循环往复中最终实现学生人格的完善。

第四节　高校美育工作的载体

“载体”一词最早出现于化学领域，随着科学综合化趋势的发展，“载体”的含义得到引申，扩大到社会科学领域，为众多学科所使用。“载体”通常被理解为承载知识和信息的物质形体。笔者认为，以美成人的美育的载体就是能够承载和传递以美成人的美育的内容和信息的形式。本节试图从基本载体、一般载体、特殊载体和复合式载体四个维度，对以美成人的美育的载体体系进行深入的剖析和论证。

一、美育课程教学是基本载体

基本载体就是以美成人的美育的最根本和最基础的载体。学校的主要教育活动是教学活动，课堂教学是主要的教学活动，因此课堂教学是学校对学生进行教育的主要形式，也是美育的根本途径和主要渠道。高校美育课程的课堂教学是在科学的教学理念、特定的教育目标、合理的课堂组织安排下开设的，高校美育课程是以美成人的美育的基本载体。

高校美育课程的课堂教学主要包括文学的课堂教学和艺术的课堂教学。文学课堂教学主要包括文学常识教育、文学作品欣赏等内容，使学生通过对文学语言的“意向”把握，接受文学艺术中的审美意识，进行审美的心理建构。文学属于语言艺术，它以语言为基础材料来塑造具体可感知的审美形象，并以此来反映社会生活和表现情感，它生动地描绘现实生活，形象地刻画具有代表性的人物，也更为自由地表达了人丰富而复杂的情感世界。它通过文字与语言，让人们运用自己的想象来感知文学形象，认识到最真实的现实世界，感知人类最为美好的情感。文学的审美特征主要在于文学的情感性、形象的间接性、表现内容的丰富性等。文学作品能以美的、生动的形象去感染学生，用美的语言去激发学生，让学生在善与美、情与理、言与行的体验中形成对美的评价能力和创造能力，引导学生感受美、观察美、追求美，进而创造美。

艺术课堂主要包括音乐艺术、美术鉴赏、戏曲电影艺术等。《辞海》将“艺术”解释为通过塑造形象具体地反映社会生活、表现作者思想感情的一种社会意识形态。艺术在本质上关注的是人的心灵。高校的艺术教育主要是使受教育者具备基本艺术审美修养的教育。一般来说，艺术修养是在艺术审美实践中逐渐生成的，艺术修养的高低不仅影响到个体人格的发展与完善，而且它本身就是一种社会性的人格素质。音乐教育是艺术教育的一项核心内容，听音乐不仅能解除学生因课业负担过重造成的疲劳，而且有助于学生理解和消化其他课程知识。因此，高校对大学生进行综合音乐素质训练教育，要根据学生音乐素质的实际基础，从简单的知识开始逐步培养，把音乐史、音乐理论、音乐欣赏等与个人的音高感、节奏感、音色感和声感及音乐的想象力、感受力和表现力等辩证统一起来，使学生真正感受到音乐艺术的“美”。开设音乐课可以指导学生在生活中扬美驱丑、美化心灵，使他们成为具有审美观念和高尚的艺术修养的人。另外，美术是一条导向美的殿堂的通道，是学校进行美育的重要学科之一，各种有价值的美术作品，无论是形象地表现自然美景，还是典型地描绘社会生活、鲜明地刻画人物的性格，都可以使人们从它的形象和色调上感受美，体验到愉快或其他健康的情感，加深对生活的认识，激发对生活的热爱。

近十年来，我国的高校美育工作取得了一定的进展，但是，由于美育课程起步较晚、重视程度不足等客观现实的存在，使得美育的实施与课堂教学仍然存在着重理论轻实践、重知识传递轻感情体验等问题。一方面，目前在国内基本上还是沿用旧的美学课程体系，把美育当作一门知识来教学，这就不可避免地会造成美育教学与审美实践的脱节，理论与实践难以形成一个统一体。另一方面，忽视了课堂教学过程中作为审美主体的学生对美的情感体验。美育不能离开感性形象，不能没有审美主体的情感体验，从理论到理论、从教科书到教科书的知性思维教育方式抹杀了美育对审美主体在情感、想象、创造等方面所起的独特作用，从而弱化了美育的人文学科地位和价值，使得美育的实效性大为逊色。综上所述，美育课程教学观念的不完善带来了教育目标、教育内容和形式等方面的问题，使美育很难彰显在学生人格养成中的地位和作用。以美成人的美育，在课程设计和课堂教学中应从教育目标、教育内容和教育形式三方面进行科学、合理的设置和构建。

（一）从教育目标来看

从理论上来考察，美育的目标可分解为相互联系、相互渗透的两个层次，表层是传递审美知识，提高人的审美感受能力和审美创造能力，培养与此相关的感知力、想象力、理解力等能力素质；深层是对人的精神世界的陶冶、对心理结构的重建，乃至塑造健全的人格，促进人的全面发展。美育目标任务的实现是一个由浅入深、由部分到整体的过程，培养学生的健全人格是美育的终极目标，也是美育课程的教育实质。美育不是造就熟练运用技能的艺术家，现代美育不能仅仅停留在表层的传授审美知识和培养审美能力的层面上，而应该让学生通过这些内容的学习拓展知识背景和思维空间，获得基础性的文化知识、价值观、认识论和方法论，使学生的知识范围和思维空间不局限于专业知识和方法论的层面，应使学生的人格获得宽厚的文化底蕴。美育是对整个人的教育，美育已发展成一种以各种美和各种艺术（内容）通过各种审美活动（中介）和美感体验（接受）的综合育人活动，是对人的整体性教育，关注人的整体素质的提高，既提高审美能力、陶冶道德情操，也开启心智之门。因此，美育课程是追求真善美和谐统一的人格教育，是关注人的整体素质和个性自由全面发展的素质教育。在教学中，要建立逐层深入的教学目标。从层次性上讲，既要有浅层目标，更要有深层目标；既要有一般性的目标，又要有特殊性的目标；既要有远期性的课程目标，又要有近期性的课程目标。从全面性上讲，不仅要包括知识性目标，还要包括行为的、情感的、认知的、结果的、体验的、表现的等目标。科学、合理的教学目标的确立有利于教育有计划、有目的地开展和实施。教师不仅要传授审美领域的相关知识，更要注重引导学生进入艺术所营造的审美境界之中，体味灌注其中的浓郁的审美情感，接受美的感染和陶冶，更要着力培养学生的人文精神，促使他们完善自身的个性结构，实现全面发展。

（二）从教育内容来看

美既有相对共通的标准，也因个体的个性特点不同而呈现出不同的特点，因此对于个体的美的教育，要在普及共性美的标准的基础上，针对不同个体的审美接受机制和个性特点开展，帮助学生树立正确的个性发展观，促进学生普适美和个性美的和谐统一。

将系统性和科学性的原则落实在以以美成人的人格养成为旨归的美育教育内容设置上，就要建立系统的课程体系、教学计划，还要强调教育中人格养成的指向性。首先，在课程内容的选择方面，教育的目标并非在于让学生获得专业性教育要达到的某个科目或领域类别的知识体系及结构化了的知识要求，而是在于让学生通过这些内容的学习拓展知识背景和思维空间，获得基础性的文化知识、价值观、认识论和方法论，使学生的智性思考获得独立性，唤醒学生的审美意识，提高学生的审美能力，使其人格获得宽厚的文化底蕴。其次，在教学内容的选择上，重在突出文学艺术门类课程。具体来讲，文学艺术课堂教学主要包括文学、音乐、美术等学科，理论知识主要包括文学和美学的基础理论、艺术理论，文学艺术史和其他相关的文学艺术常识。使学生通过基础理论知识学习，能够了解文学、艺术中的美的原则和各类审美范畴，让学生懂得美的存在形态及人类审美活动的过程。审美活动使学生进入一个属于个人的审美世界，并能够从中获得巨大的审美愉悦和享受，不进行具体的审美活动，是无法提升审美能力的。而课堂活动就是审美活动的一个途径，学生在课堂的实践活动中，思维最为活跃，不再面对教学活动中由于知识程度上的差异而产生的师生交流障碍。课堂活动能够有效打破单一的、平面的、封闭的教学体制，它所涉及的是学生更为广泛的学习兴趣、情感体验、观察能力、想象能力、创造能力和实践能力，这为审美教育开辟了广阔的前景。教育者应在教育的过程中，结合教育内容，培养学生普适美的理念，使学生树立科学的审美观，结合个人的性格特征，建立符合个人风格的个性美，在此基础上帮助学生增强自信，促进学生普适美与个性美的和谐统一，完善学生审美人格。

二、美的校园文化是一般载体

普通媒介是最常见的媒介。校园文化是美育教育在培养学生个性的过程中所营造的环境和气氛因素，也是最具普遍性的教育载体。校园文化指的是学校师生在教育、教学活动中所创造并形成的精神财富、文化氛围，以及承载这些精神财富、文化氛围的活动形式和物质形态。

文化熏陶是人的性格和个性形成的主要原因，文化是人的心理活动的客观基础，与高级神经活动相结合，构成人的心理的两大支柱。校园文化是一种特殊的意识形态和群体意识，它是一种变化和发展的客观存在。在特定的人文自然环境的熏陶、渗透和升华过程中，学校将其经过长时间的培养和积累的传统作风和学术气息等，转变成环境中人们共同的思想追求、价值标准、行为规范，并持续地对学校的文化主体产生作用，对学校中每个人的价值观、情感、信仰和人格的形成和发展产生影响。同时，高校文化又是一个多层次、多层面的复合体系。就其构成因素而言，有的侧重于理性，有的侧重于感性；还具有实用性和艺术性，同时具有动态性和静态性；这是一种观念与实践并重的教育。这些内容的丰富和多样化，可以对大学生的审美心理起到多途径、多角度的影响，对他们的审美意识、审美鉴赏力、审美创造力等进行全方位的提升，从而促进他们的心理机能的和谐发展，从而形成一种完整的、完善的个性。

（一）校园物质文化载体

学校文化的“硬件”是学校的物质文化，漂亮的校园环境能直接影响学生的审美感受。苏霍姆林斯基曾经说过，在教育中，学校的物质条件（如环境等）对学生形成正确的观点、信念和良好的行为习惯具有很好的作用。一个整洁、高雅、文明的校园内的物质文化，对于学生的个性培养，发挥着一种气氛的导向作用，能够极大地激发学生的好奇心，培养他们积极的人生态度，促使他们不断地进步，提高他们的审美水平，并在某种程度上对他们的行为起到了规范和导向的作用。

高校的物质文化包括：校园的建筑、教学设施、学生的活动场所、校园的绿化、图书馆的馆藏等。首先，在校园中营造出一种既美观又实用的环境。建筑本身就是一门艺术，它的特征就是可以在满足使用需求的前提下，利用它庞大的空间形象，将特定的时代和民族精神的风貌、思想情感和审美趣味表现出来。其次，加强教学方法与研究环境的构建。伴随着科学技术的快速发展，教学手段和科研条件也在发生着持续的变化。在先进生产力快速发展的时代，有的传统的教学方式和科研方法已经成了限制。因此，教学手段和科研条件建设在学生的教育培养中更加凸显出其重要的作用和主导地位，加利用校园网、电子图书馆、多媒体教室，为师生提供良好的学习环境。除此之外，在校园文化传播中，还广泛使用了语言传播媒体，构建了广播、电视、网络、报纸杂志、橱窗、板报、明信片、贺卡、信封等校园文化传播媒体，这些都有利于传播校园的精神文化，促进师生、生生之间的相互交流。

要使高校的物质文化对大学生的个性培养起到更大的促进作用，就必须使其具有情感性和意蕴性。情感是主体对客观现实的一种特定的反映方式，它是人对于客观事物是否符合人的需求而形成的一种态度和体验，所以客观真实是情感产生的根源。在大学中，物质文化是人们的感情与精神生活的创造性表达。设计校园建筑和设施设计，应当将情感融入事物中，将情感融入场景中，才能让人触景生情，在任何地方都能感受到美。在大学校园的物质文化设计过程中，可以指导学生去感受一些人文景观的经典艺术作品，去体会这些作品中所包含的情感和思想，这对丰富学生的精神世界、净化心灵、陶冶情操、培养积极乐观的人生态度等都有非常显著的影响。

（二）校园精神文化载体

大学教育中，除传授知识外，最有特点的是构建精神文化。校园精神文化是一种“隐性课程”，在教育方法上，与传统的课堂教学不同，它没有一整套的教案，也没有一成不变的成绩，而是一种精神，一种充满个性、有特点的气氛，充斥在校园的每一个角落。美的校园精神文化可以让学生受到积极的影响，并在不知不觉中被其同化、影响和塑造，从而有助于大学生树立起正确的世界观、人生观和价值观，让他们可以用正确的方式去认识世界、观察社会、思考人生、探索未来。校园精神文化与审美教育之间的互动关系，对于提升大学生的思想道德、文化科学、职业素质以及身心健康、人格素养等方面，都有着非常重要的意义。

校园文化活动是构建学校精神文化的有效载体，在学校的各项活动中，融入了浓厚的文化色彩、严格的道德要求和精神品质，这些都是学校精神文化的重要表现形式。活动是一种很强的自发性和群众性的行为，它可以让学生在主动参与的过程中，得到情绪的体验。如果学生没有在课堂内外的精神文化活动中，对课堂教育的导向进行有意识的消化、验证、体悟、表达、实践，那么内化的结果就会不完整。所以，如果想要最大限度地发挥校园精神文化活动对学生个性形成的促进作用，那么就应该重视它的体验性，让学生在体验中推动健康个性形成的自我修炼和自我实践。体验是一种发现、一种投入，从心理学的角度来看，体验是一种被自然和艺术所打动，甚至入迷，把全身心都沉浸其中的心理过程，它是一种注入全人格的深刻的经验。体验是一种主体亲历、体认、品味与验证的过程，它融化了学生知、情、意、行的良性互动过程，在学生个性品德的形成中起到了无可替代的作用。

在具体的执行层面上，一方面，要让校园文化活动变得更加丰富多彩，校园文化活动的建设属于审美文化的一个重要部分，它也是课堂教学之外的一种重要的补充，也是进行美育的最主要的方式。因此，学校应该多举办一些诸如文学艺术讲座和报告、文化艺术节等艺术活动，让学生的艺术文化生活变得更加丰富多彩，让他们有机会参加更多的艺术欣赏活动。另一方面，要充实审美实践，通过审美实践，让学生走进一个只有他们自己的美的世界，在这个世界里，他们可以得到极大的快乐与享受，没有特定的审美实践，就不可能得到真正的美。大学校园中丰富多彩的文化生活，以及与之相关联的各种社会资源，都是大学生进行审美活动的主要途径。大学的很多校园文化活动具有形式新颖、内容丰富、风格高雅等特征，其中蕴涵着丰富的美的元素，是良好的美育载体。博物馆、艺术馆、旅游景点等也都是很好的美育资源。学校应通过多种途径、多种方式，对校园文化活动以及社会中的美育资源进行充分的了解，并随时关注这些资源的最新动态，以此为依据，有意识、有针对性地鼓励和引导学生在自己的课余时间里，积极参与各种形式的创造展、文艺演出等校园活动，鼓励他们多角度、多层次地去欣赏和实践社会美、自然美和艺术美，以此来充实自己的经历，提升自己的审美水平。

（三）校园制度文化载体

校园制度文化主要包含了学校的管理制度、措施及行为规范等内容，它的特征是具有准确性、权威性、稳定性和指向性。高校制度文化对于大学生健全个性的形成具有一定的指导意义。

第一，系统文化对大学生个性发展的导向进行了调整。我们都知道，青少年正处于个性形成和发展的时期，在这个时期，他们的个性具有很强的可塑性，因此他们很容易受到不良文化和行为的影响，甚至是误导。而学校的制度文化则拥有一定的权威性，也就是说，学校的制度一旦实施，就必须是坚决、彻底的，在校园内没有人可以违反。这种权威性在很大程度上为校园活动提供了基本的框架，遏制了一些不良的思想、行为倾向的产生，保障了学生的思想行为按照学校、社会、家庭所期望的方向发展，进而引导和规范了学生的人格发展方向。

第二，制度文化建设对学生正确的价值观的培养及判断是非标准的提高起到重要的推动作用。正确的价值观和独立准确的判断是非的能力是学生健康人格的应有之义。学校的制度文化是整个社会的政治、经济、法律、道德等一系列制度文化的微缩，它是学生进行价值判断的重要尺度，而这种完善的、合理的制度体系为学生所内化，即可形成社会所公认的价值体系。

校园制度文化是一种历史积累，是学校文化传统中的一种比较稳定的文化，是学校教师和学生都应该遵守的一种普遍的行为规范，具有特定的规范和约束作用。改革开放以来，我国高校管理制度中一些不利于培养现代化建设人才的内容进行了有效的改革，目前实施的一些规章制度有适应教育新发展、新要求的一面，但也有一些亟待进一步修订的陈规旧律，以及生硬死板的管理制度与方法。教育教学制度的模式化和僵硬的管理制度，与青年学生充满活力、思维活跃的特征不相匹配，阻碍了他们个性的张扬和想象力、创造力的发挥，从而培养出的是一群拥有相同的知识结构、相同的思维方式，却缺乏鲜明个性、循规蹈矩的无创造力的人。长时间地处在一种消极压抑的状态之中，会慢慢地丧失自己独立学习和思考的能力，从不能选择变成不会选择，从不敢质疑变成不会质疑，缺乏想象力、创造力，个性特征被模式化，甚至慢慢地消失。为此，我们要从根本上改变传统的教育观和学校教育观念，确立“以人为本”的教育理念，在此基础上，使人的本质特征得以完善与彰显。

大学校园文化系统的建设应以美为本。校园建筑的布局、造型、风格，以及对校园环境进行的美化、绿化，在不忽视其实用功能的同时，还可以以一种可以感知的宜人的形式，给学生一种直观的美感，充分发挥其愉悦身心、陶冶情操、净化心灵、激励向上的效果。高校的管理者和教师可以通过示范、引导、启发等方式，对学生动之以情、展之以美，为学生营造出一种宽松自由的学习氛围。运用科学的管理方法和强大的情感力量，对学生进行影响和教育，使他们的人格健全，个性得以全面发展。

三、教师的言传身教是特殊载体

所谓“特定的载体”，就是在审美教育的过程中，对学生个性的形成和完善起着比较特定的影响作用的教育载体。教师的言传身教，指的是具有健康个性的教师，以其真才实学、真情实感和真知灼见等，以及为学生所认同和赞同的思想、道德、意志等内在品质，对学生形成的一种能够同化和影响他们的巨大吸引力，它是教师的才、情、智、气质、能力、品质、语言等各方面魅力的综合，是教师的内在品质的外在体现。教师的“言传身教”在塑造学生个性方面有着举足轻重的地位，它是“以美成人”的独特的个性塑造的载体。

教育是人们内心最细微的交流。在乌申斯基看来，只有个性能够对个性的形成产生影响。青少年处于世界观、人生观和价值观形成的重要阶段，其身体和心理发展呈现出复杂性和多向性的特征。教师是他们学习和效仿的目标，他们的一言一行都会对学生产生巨大的影响，有时甚至会变成他们效仿的样板。老师的世界观、品德、生活状态，以及对待事情的态度，都会对学生产生深远的影响。可以说，教师个性能对学生个性形成一种长期的、潜移默化的影响。教师不仅仅肩负着“传道、授业、解惑”的任务，也绝不仅仅是一个知识的传授者，更应该义不容辞地用自己的言传身教来影响和指导学生，成为学生的人生导师。对于教师而言，观念的更新、知识的丰富、技术的精湛和方法的娴熟，都不能替代其自身所具备的美学价值。

教育力来自被教育者的认可，所以教师应该持续地强化自己的修养，用自己精湛的专业素养、广泛的学科知识、充满着审美价值取向的人格魅力，来给学生的心灵带来一种震撼性的力量，从而让他们对自己的理想进行追寻，追求真、善、美。自古以来，一位优秀的教师，都是因其渊博的知识而得到学生的尊敬，因其人格魅力而得到学生的效仿。人格魅力是一种独特的教育性力量，它对学生的思想道德、行为习惯、审美修养和人格素质的形成具有举足轻重的作用。在历史上，有很多优秀的人物，他们在功成名就之后，都会对自己求学时期的师长念念不忘，甚至是幼年时期的启蒙师长，在他们成长的过程中，对师长们崇高的人格所散发出的无限魅力，充满了敬畏之情。为此，我们应充分认识到教师在课堂教学中的重要性，充分认识到教师个性的教育功能。

（一）良好的性格特征

性格是个性的中心要素，它是一个人相对固定的、个性鲜明的、对事物有自己独特的看法的总称。性格类型是指在一类人身上所具有的性格特征的独特组合，通常从内倾—外倾、稳定—不稳定两个维度来划分。比如，积极、善于交际、开朗等属于外倾性格，而孤僻、沉思则属于内倾性格；稳定的情绪包括镇静、可靠等，不稳定的情绪包括情绪易变、焦虑、易激动等。一般来说，具有不同性格类型的教师在进行教育的时候，要注意将其与自己的性格特征相结合，比如，外倾类型的教师可以使用说服教育法和实际锻炼法，而内倾型的教师则可以使用榜样示范法和情感陶冶法。从整体上看，教师的职业特征常常需要人具有一种稳定的情感，需要热爱学生、勤奋学习、和蔼可亲、诚实公正。老师要在政治思想、个人品德、价值观念、行为习惯等方面给学生做好表率，做到知行合一，这样才能让学生学习到正确的方法。在具体的教学实践过程中，教师要具备良好的政治素质，始终坚持正确的政治方向，在社会发展的关键阶段，在对学生的培养过程中，发挥出为学生导航的作用，还需要具备较强的政治鉴别力和敏锐性；为人正直、正派，拥有正确的世界观、人生观、价值观，可以用自身的浩然正气去影响、鼓舞学生。

（二）和谐融洽的师生关系和较强的协调能力

和谐融洽的师生关系在教学过程中具有特殊而奇妙的作用，它对教师进行教育教学的工作有很大帮助，就像一根彩带将师生之间的距离拉近，使学生的学习动机由单纯的认知需要上升为情感需要，使教师的工作动机由职业需要上升为职责需要。所以，老师应该把爱放在第一位，对学生多一些尊重和信任，因为有了爱，才能建立起一种和谐的师生关系，尊重和信任是建立在师生之间情感上的桥梁。老师也要提倡民主，尊重学生的个性，对学生多一些赞赏。同时，建立和谐的师生关系，对教师的组织协调能力与管理水平提出了更高的要求。拥有良好的师生关系和较强的协调能力的教师，在教育教学活动中表现出了愿意与学生进行更多的交往、更多的沟通，与学生相处时，多表现出真诚、尊重和信任的积极态度，可以获得学生的尊重、认可和接纳，这对学生形成健康的个性有很大的好处。和谐、融洽的师生关系是师生沟通信息、联络感情、相互激励的有效途径。所以，老师既要做“名师”，又要做学生的朋友，在治学、为人处世、待人上，多做些学问和情感上的交流，以影响和指导他们。同时，学校的管理者要树立教育观念，增强服务意识，对学生给予足够的尊重，与他们进行更多的交流与理解，从各个方面建立起一个融洽的校园关系，让学生在人际交往中感受到美，为大学生的身心发展创造一个充满活力与进取精神的良好环境。

（三）良好的自我调控系统

作为教师完美人格的一个不可或缺的组成部分，自我调节体系主要体现在三个方面，即对自己的认识、对他人的认识，良好的情绪和调节能力，以及坚强的意志。对自己有一个正确的认知，对自己和别人有一个恰当的认知与评价，对自己有一个主宰命运的能力。有同情心、热情及有其他良好情感的老师，往往会拥有一种良好的师生关系，在他们的教育教学实践过程中，可以用一种充满热情、真诚的态度来对待学生，还可以将学生的创新精神给激发出来；具有较好的情绪调节能力的教师，不但可以对自己的负面情绪进行及时、理性的疏导，还可以对学生的情绪、情感进行调控，从而为教学的顺利进行创造一个健康的氛围。具有坚强的意志力的老师，可以面对烦琐的工作而不畏惧，也可以理性地对学生保持耐心、和睦的态度，并为学生树立一个良好的意志品质的典范。

同时，优秀的创新意识、实践能力和持续的学习能力，也是教师在个人魅力的基础上，充分发挥其言传身教作用的保证。要想成为一名培养社会主义建设者和接班人的老师，就必须要有一种创新的精神，要在自己的教学工作中，对自己的教学方式进行改革，要积极地对学生的特征进行研究，激发他们的思考，以一种富有创意的方式来完成自己的教学工作。与此同时，老师，也就是人才培养者，要敢于接受新的观念和新的知识，积极地向别人，甚至是学生学习，不断地丰富和完善自己，让自己拥有广博的知识，用自己的知识来吸引学生。

通过以上分析，我们可以看到，在教育教学的过程与实践中，老师的言传身教对学生具有一种独特的、潜移默化的影响力，它不仅是“有形”的，也是“无形”的。所以，对大学生进行审美和个性的教育，就需要通过“言传身教”这个独特的载体来进行。

四、网络平台以及其他学科是复合式载体

复合式载体指的是将两个或多个不同类型的美育载体有机联系起来，并对其进行综合运用，达到和谐配合、优势互补的目的，从而达到最大程度的教育效果的一种载体。网络是一种主要的复合载体，其他学科的审美渗透也将课堂教学、教师的言传身教等不同类型的美育载体融合在一起，属于复合载体。

（一）科学搭建网络平台

发展因特网，也就是国际信息互联网络，具体来说，就是将通信网络、计算

机、数据库及日用电子产品整合在一起的电子信息交换系统。从20世纪60年代开始，信息网络已经深入社会生活的方方面面，对社会经济、文化、教育、科学、工作等产生了深远的影响，也影响着人们的世界观、价值观。高校学生作为一支庞大的互联网用户队伍，又是中国互联网的主要使用者，互联网技术的飞速发展，对现有的教育教学、学习方式产生了深刻的影响。校园网络是以美为本的审美教育的载体，具体表现为三个层面：校园网络美术课程、校园网络美术环境、校园网络交互平台。

第一，网上的美术教学。网络课程作为一种新型的、在互联网上呈现、在互联网上使用、不受时空制约的教育资源，在互联网上被广泛应用。网络课程指的是按照一定的教学目标、教学策略组织的教学内容以及所开展的教学活动的总和。网络课程以Web页面的方式被保存在网络服务器中，并以Web页面的方式提供给用户，同时还支持学生的自主学习、协作式学习等先进的学习方式。一方面，网上美术教学给学生带来了方便，使他们能够在网上进行学习；另一方面，给学生提供了一系列的形象教育内容，借助互联网和现代科技的优势，可以将各种各样的艺术作品进行生动、直观的展示，包括各种古代珍品、音乐、戏剧等不同风格的艺术，都可以通过虚拟的形式进行展示，因此在网络课程教学中，对审美的设计能够对学生的审美教育起到事半功倍的作用。

第二，要创造一种网络艺术的气氛。传统的美育信息源主要是以书籍、报刊、广播等传统媒体形式存在的，但是这些媒体所提供的信息知识量比较小，而且信息内容的更新速度比较慢，课堂的吸引力也比较弱。但是，网络拥有的信息量大、信息更新及时及信息资源共享的特性，基本上使每个人都可以成为网上信息的提供者、获得者和拥有者，几乎社会任何群体和个人都可以利用网络来实现信息资源的共享。网络的艺术信息主要有两个方面，首先，在进行网页设计开发的时候，就应当对网页进行形式美的赋予，网页的色彩搭配、内容结构以及链接的新颖性，都可以反映出人们的创意和想象。其次，从网络内容的角度来看，也应遵循"审美"的原则进行构建，特别是学校网站，学校网站的信息内容都经过了比较严格的筛选，具有很强的主导性，可以指导学生进行网上的美术教育。例如，学校可以在自己的网页上开设一个教育栏目，在内容方面，应该涵盖中外文化的精华以及自然科学的基础知识；从形式上看，通过声音、文字、图片和图像的综合使用，使教学内容得到充分的呈现，从而提高了教学的信息量。

第三，交互式的网上艺术交流平台。互联网可以支持一对一、一对多、多对多等多种交流方式，所以它具有传统媒体无法相比的优势，给教师和学生提供了一个更加宽广的、可以进行交流和学习的交互的空间和机会，学生可以成为信息的接收者，也可以成为信息的发布者，它的核心是参与，它可以实现不同主体间的沟通。互联网的互动特性，改变了教师和学生的关系，教师和学生在互联网上的角色转换，极大地促进了人际和谐。在课堂上，学生可以从网上收到老师发来的教学资料，并及时向老师反馈，老师会依据这些资料，对他们的学习进行更多的指导，自觉地引导学生去领略美、去认识美、去感受美，在美的影响下，调整自己的情感，提升自己的自尊和信心，使自己的个性得到健全。

总的来说，由于互联网具有便捷、资源丰富、交互性等优点，它对以美为本的学校美育与学生个性培养起到了无可取代的作用，它包含了多种教育载体，如课程教育、文化熏染、师生互动等，是一种重要的综合形式，也是一种对学生进行审美教育的有效途径。

（二）其他学科的美学渗透

美育是一种渗透在所有教育之中的教育，所有课程都应把发现和传播本学科的审美价值纳入教学任务之中，充实新的内容，把美育与哲学、伦理学、美学、社会学、文化学、心理学、历史学、建筑学、工业设计、计算机技术等学科联系起来，结合各专业的特点，完善知识网络结构的系统性，把眼光从狭窄的知识层面移向更广阔的知识空间。在高校开展审美教育，是学校各个学科专业、各个教育环节共同的责任，也是在学科专业教育中创造美的教育境界的共同追求。高校美育要主动向学校教育各领域渗透，尤其要渗入各类课程的教学之中。特别是对于理工科院校的学生，由于学科特点，这些学生在专业学习中主要以工程技术为研究对象，以抽象思维为主要研究内容。而审美活动以形象思维为特征，可以为想象力的发展提供广阔的空间。但是，一般情况下，工科院校由于学校定位和资源条件的限制，学校的美育课程较少、校园文化活动的艺术氛围不足，因此理工科的非美育学科的课堂教学审美化是实施学校美育的一个重要途径。

第三章　高校美育的现状与审美素质的提升和培育

本章主要讲述高校美育的现状与审美素质的提升与培育，从三个方面展开叙述，分别是高校美育的现状与存在问题、高校审美教育的教师素质的提升以及高校审美教育的学生素质的培育。

第一节　高校美育的现状与存在问题

一、高校美育的现状

（一）高校美育的认知现状

目前，高校师生对美育概念的认识存在多样化现象。

美育是审美教育的简称，曾经被称为“美感教育”“情感教育”“人格教育”“艺术教育”“审美观教育”“审美能力教育”“美学知识教育”等，这样的称谓表明过去大多数人并不清楚美育的概念，往往以偏概全，关于美育知识了解得不全面、不一致，对美育概念的界定模糊。

第一，认为高校美育是课堂中对学生进行的审美知识和审美感受的教育。有的人认为高校美育就是高校的美育课程教育，一些学生认为课堂是教授审美知识、培养审美感受的重要途径和场所。

学生对高校是否存在美育的一个重要评价标准就是看这个高校是否开设了美育课程，即认为高校美育是在课堂中对学生进行的审美知识和审美感受的教育。

第二，认为德育就是美育，将德育与美育相混淆。一些学生对于德育和美育的界限并不清晰，或者将二者相混淆，或者认为二者相同。美育和德育都是教育的要素之一，都具有培养人的功能和作用，但是美育和德育又都具有各自的特色及教育的特殊目的和目标。德育主要在于培育具有自觉的道德意识和高尚的道德行为的人，也就是道德感强烈、一心向善的人；美育主要培育具有先进的审美感官和高度的审美能力，能独立从事审美欣赏、独立从事审美创造的人，也就是执着进行审美追求的人。无论是德、智、体、美、劳哪一项教育过程中，都隐含着美育。尤其是在德育教育过程中，应加强文体活动、艺术欣赏、时事教育、实习实习、文明实践，使德育充满乐趣和魅力。因而，大学生目前并不能真正理解美育的内涵，存在对美育的片面认识。

第三，认为美育就是对审美能力和审美素养的培养和教育。有学生对于美育的看法与其他大学生看待美育的视角不同，他们没有过多地考虑学校美育是通过何种方式、借用何种载体来开展的，而是从美育的效果着眼，提出了学校美育是学校对学生审美能力和审美素养的培养和教育。例如，有的大学生认为，在学校开设了美育课程，且在学生的日常生活中通过各项活动把正确积极的审美观融入在大学生的方方面面，这不仅能更好地培养大学生的美学素质，还更有益于大学生美学素质的形成。有的学生认为能够感受到学校美育，学校立足于当前大学生审美素养的现状，把培养学生良好的审美能力、审美情趣和审美修养当作美育课程的教学目的，同时也要把握建构大学生审美精神的内在规律，使他们摆脱社会现实的条条框框，促进大学生审美教育的发展，等等。

（二）高校美育的课程现状

1. 多数高校还没有建立起美育课程体系

目前，我国多数大学尚未形成一套完整的审美教育课程体系。美育课程是高校美育发展必不可少的，也是大学生对高校美育评价的一个重要指标。在这些尚未建立起美育课程体系的高校中，高校美育课程存在很多问题，归纳起来包括如下三个方面。

第一，美育通识类的公共选修课只有一门，而且只有极少数的选修课，涵盖的领域也很小。在大学中，美育课程主要面向非艺术类的学生作为一门选修课来学习，但大学中的美育课程并不多，能够选修到的人数极为有限，很难满足广大学生对于美育课程的需要。课程数量较少，覆盖率较低，很多学生无法选修到此类课程，造成了高校美育的进一步缺失。

第二，美育课程的内容较为传统，缺乏创新，没有相应的美育教材。目前高校开设的美育课程比较陈旧，没有与时俱进，没有及时了解现在青年大学生的审美需求，从而导致了高校美育课程内容的单一枯燥、实践性差的情况。

时代是不断进步和发展着的，人们的审美感受和审美需求也在发展着、变化着，需要在教学内容中增添更多的时尚元素和时代气息，才能够引起学生的学习兴趣，进而切实发挥高校美育课程的育人功能。

第三，高校美育的教学方法过时，授课方式单一枯燥，缺少创新性。目前的高校只是把美育课程设置为公共选修课，因而也就造成了老师对教学方法的选择尚不够用心，教学形式枯燥单一，教师与学生之间也缺乏互动与交流。长期以来，我国都采取灌输式教学模式，这种模式使学生只能被动地接受知识、储备信息，失去了思考、批判的能力。因此，高校要努力加强美育建设，开辟新的教育方式和方法，切实发挥美育课程的作用，塑造学生良好的人格品质，培养有创造精神、创新能力和能够解决实际问题的全面发展的人才。

2. 少数高校尝试建立美育课程体系

有一些高校已经开始尝试建立美育课程体系，并取得了一定的成效。

华南理工大学创建了一个新的课程体系，它将传统的大学语文知识传授升华为一种包含美学价值的教学活动，从而使“美的语文”向“美的教育”的方向发展。这种课程被称为“人文—美育—语文”课程。这在某种程度上，将学科教学的美育功能凸显出来，并且这种美育能够培养学生人文精神，从而促进学生人格完善。

西安交通大学为学生提供了多种类型的美育选修课，包括各种艺术欣赏、文学作品欣赏、美术创作技巧训练、美学或美育学科课程、美育参观等。并实施《本科生课外 8 学分美育评分细则》，让学生可以参加各种美育课程，或参加各种校内、外的美育活动，都能得到相应的学分，使学生能按照自己的兴趣喜好，自由选择自己想要的专业。

在强化校内美术教育的过程中，北京大学做了许多工作，设置了大量的美育课程，在校园环境、校园文化活动等方面，重视对美育的指导，最终形成了校内美育课程与校外的实践类课程相结合的美育课程体系。此外，北大重视把校外的美育资源引进到学校，走进博物馆、走进合唱团、参与美术作品竞赛，这些都是认识美、实践美和创造美的有效方式。北大的丁宁教授曾经说过，美育不只是一种美术教育，而是一种积极的、有意义的教育。所以，在构建美育课程体系的过程中，北京大学十分重视将美育知识教育与美育实践类课程相结合，以推动学生审美意识、审美能力的提升，从而实现学校美育的育人功能。

二、高校美育的存在问题总结

美育在培养人的全面发展中起着举足轻重的作用。尽管我国自近代以来就设立了美育课程，但是美育并没有得到快速完善的发展，仍旧处于一个初创摸索阶段，目前，我国的美育课程从理念到实际操作，都还存在着许多的问题。比如，对美育的本质特点没有清晰认识、美育课程的设置不够全面、教育教学机制不够完善、考核评价标准单一；学校环境有待提高、相关的美育资源需要深度合作；等等。

（一）对美育认识不到位

首先表现在政策制定者对审美教育的理解上。近几年来，美育得到了全社会的高度关注，许多大学已经开始意识到它的重要性，“改进美育”也被列入了国家深化教育体制改革的重点课题之一，教育部已经连续两年将“改进美育”列入了每年的重点工作，而社会上，特别是教育行政机关、学校等都对此作出了回应，中国生命科学系已经建立了生活美学研究会，中国教育学院也已经建立了美育研究分会，部分大学也已经建立或准备建立不同层次的美育学术研究机构。尽管对美育的重要性的认识已经提升到了空前的高度，但对其内涵的认识，对其如何进行工作的认识还不明确。例如，在概念上，把美育和美术教育混淆起来，尽管美术教育是美育的主要实施方式，但是美育的含义要比美术教育更加宽泛，它不仅是一种教育教学手段，也是教育本身的内容，更是教育的目标，覆盖教育的全过程。在具体的操作方面，在怎样构建一个系统的美育课程体系方面，大学美育同样存在着一些问题，比没有一个完整的课程设计，美育游离于主流的学科教学体系之外。

目前，我国高校美育工作中出现了一些管理人员错误地解读美育工作的理念，将其视为一种课程，而非一种教育目的，一些教育部门的领导更是将其单纯地当作一种“美育课”来看待。这一认识太片面了，也是不对的。首先，“美育”并非单一的学科，它是一种教育的根本目的，是一切教育内容、教学过程中不可缺少的有机成分；其次，审美教育并非一种特殊的技能，它是每个教育者都应该拥有的一种素质，它是一种教育与教学的基本原理与方法。所以，每一门课程都应当是一门审美教育课程，每一门课程的老师都应当是一名审美教育老师。《关于全面加强和改进学校美育工作的意见》还指出，要“把美育贯穿于学校教育的每一个环节”，并在此基础上提出了“以美为本”的新理念。虽然在国家的文件中，在教育体育卫生与美术教育司的工作要点中，都强调了立德树人是美育工作的基本要求，但是在实际操作方面，在学校教育中，美育仍然被认为是与美术教育相提并论的。在审美教育方面，一些学校仍然沿用着以往的“智育”“知识化”“学以致用”的思维方式，或将其理解为“培养一种艺术技巧”。

其次，人们对审美教育本质的理解还不够。美育是一种使人在审美中得到教育的活动，它强调的是以受教育者为主体，突出了学生的主体性和参与性，是一种注重情感体验的过程性教育活动。这一特点就需要在情境化的审美活动中进行美育，用具体、可感知的形象来激发人们的审美情绪，让受教育者在经历中得到美的教育，从而提高他们的审美理解能力和审美创造能力，推动他们的全面发展。

美育的特点，决定了美育无法通过抽象的逻辑说教、被动的知识灌输来实现，而是要在具体的形象上，激发人们对美的感知，给人以冲击，引导人们走向美好。传统的灌输式的教育与素质培养的要求不相适应，也没有将学生当成平等的主体来对待，因此在教学活动中，就会出现许多问题。在这种情况下，学生对学习不感兴趣，教师也没有心思去教。在这样的恶性循环中，就会导致人的片面发展，从而形成机械、刻板的思维。审美教育是一种以人为本、以人的全面发展为本的教育。但是，灌输式的教学方式，基本上是“老师讲，学生听”，师生之间缺少互动和沟通，这就造成了学生在简单地接受、输入和储存知识的过程中，丧失了批评能力，成为知识的被动接受者，这就限制了他们的创造力和想象力的发展，更谈不上培养出一个能够解决现实问题的全面发展的人才。

要改变这种现状，必须遵循“陶冶”“内化”的审美原则，在教育中运用审美教育的方式，使审美教育自身具备审美价值，从而达到“以人为本”的目的。在实践中，要实现审美教育，要创造情境，要主动创造审美领域，要发挥审美领域的效应。营造审美环境是进行美育活动的前提，它可以让客体自觉地融入审美活动之中，可以在潜移默化中对受教育者的身体和精神进行熏陶，并对其进行情感的教育。而“审美化”和“情景化”的教学则是把学生放在了主体的位置上，重视他们的主动性和创造性，通过引导和启发的方法，让他们学习如何去思考，让他们在一种寓教于乐的教育中，接受美的教育。

（二）美育课程设置缺乏体系

在工业化时代，社会的分工变得更加精细，学校中的分科也变得更加精细，这就使得真正的通识教育变得更加困难。同时，美育是一门多学科知识应用的学科，它在课程设置方面也面临着许多难题，难以将其融入课程体系中，在学科归属方面也存在着很大的问题。在现代的大学体系中，“所有的课程都是从专业中来的，也就是说，只有专业中的知识可以用来上课”。尽管曾繁仁将美育问题归入了“人文科学”范畴，但它毕竟还没有成为一门科学，它只是一门与教学活动相结合的课程，在课堂上，它的功能更多地体现在美术教学中。

美育的人文主义特征，使其与科学主义不同，科学主义的目标是要以美的事物，以美的活动、美的教育，提高受教育者鉴赏美、创造美的能力，从而提高他们的美学素质。但是，美术教育是以技能和技巧为主的，它不能和美育相提并论。美育是一门普通高校人文学科，具有非专业性，它的使命不在于培养掌握专门的技术的人才，而在于对“人性”“人道”、人的教育。审美教育学科建构的难点在于其与人文科学之间存在着一种固有的矛盾，即审美教育必须以智力特征为基础，而审美教育自身却不具有智力特征；审美教育是一门需要评价的学科，而审美教育自身却是一门无法评价的学科；美育作为高校的一门课程，必然具有阶段性，但其对人类的教育却具有终身性。这种矛盾使得美术课程的设置难以走进课堂，因此我们必须在课程设置和学科建设中，将美术课程的特征纳入其中，而不能将其视为一门知识性课程。

大学美术教育无论从课程目标与内容，还是从课程取向上看，都存在着诸多问题。首先体现在没有设置专门的美术教育专业，美术教育一般学科的教学质量不高；在通识类课程中，还表现在单一的音乐、书法、影视欣赏等课程中。像大学语文这样的人文课程，大部分是选修课，课时少，教学内容单一，美育的内容仅限于艺术美等。在对现代社会以及现代人的生存意义和生命价值的终极关怀的美的解释方面，并没有太多的深度和人文的指导。在课程导向方面，还存在着认识不清、实践操作流于形式等问题。当前，许多大学在美育课程的任务、课程设置、管理体制、教学设备、经费、师资力量等方面都比较薄弱，美育还远远没有成为一门独立的课程，更不要说有一支稳定的、专业的美育师资队伍和一套专门的教学材料了。

（三）美育教学评价单一

目前，我国高校美术教育教学中，普遍存在着一些不符合美术教育规律的问题，如教学方式单一、教学活动形式单一、教学评价单一、教学实践性差等。

在教学方面，以单一的审美思辨为主导，以传统的课堂授课为主，采用多媒体进行简单的辅助，而对于让学生体验、参与、讨论、交流、自我展示等方式的运用较少。在教育活动方面，大部分大学只开设了理论课，缺少了美术教育的实践课，教育活动局限于课堂，形式单一，实际上，可以选择到室外去采风、调研、参加美术活动、参观和交流等。因为受到多种因素的制约，许多大学的美育课都被划分为欣赏课、理论课、文化课三个部分，这样的课程在某种意义上可以帮助拓宽学生的审美视野，提高他们的审美感知力，但是因为缺少实践这个核心环节，所以会造成学生的参与度、积极性不高，从而阻碍了学生的审美创造力的发展以及他们的整体素质的提高，从而无法达到真正的美育效果。

当前的审美教育还存在评估方法单一等问题。以成绩、知识量等作为考核的主要指标，忽视了对学生的情感关怀，忽视了他们的精神发展；以阶段评估为主要方式，以成绩、分数为主要标准，缺少对审美情绪性及发展性的重视，缺少对审美能力专业的、多元化的评价体系的构建。

（四）美育环境建设不够完善

要实现审美教育，必须要有软、硬环境的营造。“美育氛围”“和谐人际关系”“校园文化”“精神文化”等，对学生的成长起到了潜移默化的影响。“硬环境”指的是美育活动进行过程中所需要的教学场地、教学设施、教学器材、师资、课程资源、美育资源、美育经费等硬性条件，是实现美育的基本条件。

在很长一段时间里，因为资源分配不合理，经费不足，一些大学很少愿意在美术教育方面进行大力投资，因此美术教育在硬条件方面难以获得支撑和发展，而且美术教育的开展也需要美术设备与器材，需要教师，还需要美术场馆与活动的资金，这些都极大地限制了美术教育的发展。尤其是美术教师的短缺，美术教师的数量与质量，已成为制约美术教育发展的主要因素。

（五）美育资源挖掘整合不足

在对美育资源的理解上，由于受到西方教育思想的影响，我们的美术教育在很长一段时间里，都只关注“高、精、尖”的美术资源，所开设的课程也主要是美术课程，对于大学美术教育来说，很难将具有民族特点的和易于获取的美术资源融入美术教育的教学之中，缺少对地方特色的美术资源的发掘，这就造成了同学们对民族文化的冷漠。这一现象不但造成了误解，认为审美教育只是一种精神上的享受，也损害了审美教育的普遍性与平等性。

纵观我们周围的美育资源，我们可以看到，所有具有美的特征的事物和活动，都可以成为美育的资源，包括自然美、社会美、艺术美、科技美等各个领域。山川大河、历史文化、博物馆、图书馆、校园、影视、歌舞、科技馆、传统技艺、民族文化等，这些都是取之不尽、用之不竭的美育资源。尤其是民族民间文化，属于我国传统文化的精华部分，比起“高、精、尖”的芭蕾、绘画、雕塑等，它拥有更广泛的群众基础，如剪纸、手工等，它的历史很长，是一种人人都喜欢的艺术形式。在学习过程中，学生可以得到一种满足感和快乐感，还可以提高自己的民族自豪感和自信心。

第二节　高校审美教育的教师素质的提升

审美素质是人拥有的审美人格、理想、能力、情趣等各种因素的总和，它是人的审美能力和意识的综合展现，能够让人理解并掌握审美教育和美学的基本理论知识，并运用其欣赏、分析、感受艺术、自然、生活中的美的现象，指导实践教育，提升审美的自觉性，提高审美理念的拓展与深化能力。审美素质体现在对美的欣赏和接受的能力，此外，对审美文化的创造和鉴别能力也属于素质的一部分。有相应的美学理论基础和文化知识水平才能接受美、认识美、懂得美，这需要通过教育和自我教育进行后天培养，而非先天拥有的。

虽然人们常说，爱美是人的天性。但是有一颗对美的热爱的心，并不等于拥有审美的素养，更不等于对美的认识和理解。在一个比较长的时间里，对于人才的培养，一般都是以职业教育为重点，着重于对专业知识和技术的教导，而审美教育作为完善人才素质的组成部分，其地位没有得到实质性重视和真正保障。面对异彩纷呈的艺术市场，由于缺乏系统的培养，致使一些包括广大审美教育工作者在内的人既缺乏欣赏高品位艺术的兴趣，又缺乏欣赏和鉴别艺术的品位，要么对美的事物无动于衷，要么不加选择地胡乱赏识。教师虽然从事教育工作，承担教育人、引导人的职责，但上述问题仍然普遍存在。如果这种情况任其发展，势必会造成大学生的审美欣赏水平滞后，这与社会发展的要求不相符。

教师审美素质的培养和提高有赖于审美素质教育，即在教育中培养感受美、认识美、鉴赏美、创造美的能力。艺术能够唤起人内心深处的无私情感，从而对人的心灵产生深远的影响。在现代社会中，艺术门类越来越多，艺术的世界也是五颜六色的，各种各样的艺术都不能避免对人的思想造成影响。因此，只有拥有了鉴赏和鉴别艺术的能力，才能得到更多有益的艺术熏陶，从而抵御有害艺术或伪艺术的侵染。因为教育者所扮演的社会角色的特殊性，教育者要想教育别人，首先必须要接受教育，要系统地接受正规的教育和训练，要有目标地进行自我教育，通过对自然界、社会生活、艺术作品中美的事物或现象的感悟，对其进行自我教育和熏陶，最终达到审美教育的效果。教师要把理论与实际相结合，自觉地进行自我训练，逐步获得审美感受，培养审美理想，积累审美经验，最终使自己变成一个具备审美素质的人。

要提高教师的审美素质，就需要了解教师审美素质的理想结构，下面进行简要分析。

一、高校教师审美素质的理想结构

（一）审美能力

审美能力是审美主体进行审美活动的必备条件，是主体对对象的形式、结构、形象及蕴含情感的妙悟能力，是主体感受快乐和认知美的能力。对于高校教师而言，审美能力是其审美素质的基础，也是关键，毕竟没有什么能力，也便不能进行审美活动，自然也就不能开展审美教育。同所有的审美主体一样，教师的审美能力主要包括审美感受力、审美鉴赏力、审美创造力等方面的内容。

1．审美感受力

人们通过自身的审美感官来对审美对象进行感知的一种能力就是审美感受力。人们通过自身的耳闻目睹来对现实中的美进行直观把握就是这种审美感受力的表现。对美的直观印象需要一定的审美感受力作为基础，若没有则难以实现，也无法把握和捕捉美的元素。引导受教育者在审美实践中提升和培养对美的事物的感受力和敏感性，以及对艺术美、社会美、自然美的兴趣和爱好等，均是审美教育工作者的首要任务。敏锐程度的标志是审美感受力的高低。一个人若能快速捕捉美的对象产生出情感反应，说明拥有敏锐的审美感受力。相反，就算美的事物展现在眼前也会漠不关心。培养和提高审美感受力，只能在实践中实现。教育者置身美的事物中，融入美的环境中，在引导受教育者的过程中提高自我，通过耳濡目染，亲身领略客观事物和现象的美，从而形成和提高审美感受力。

2．审美鉴赏力

人的评价美、认识美的能力即审美鉴赏力。审美想象力、判断力、理解力等都包含在内。在人们的艺术素养、思维能力、训练和实践经验、学习的基础上，形成与发展审美鉴赏能力，它是一种以主观爱好的形式表现出来的对事物美的评价与认识，它是认识与创造、感性与理性的结合。

在艺术创造与欣赏中，审美鉴赏力形成并获得发展，所以也被称为“艺术鉴赏力”。它拥有民族性、时代性、社会性等鲜明的个性特征，其对以美的规律和理想去改变世界，创造和发展科学的、健康的、文明的生活方式，对提高审美鉴赏力起到一定的帮助作用。拥有高审美鉴赏力的人，既能在一瞬间被美的事物深深感染，也能迅速做出审美判断，找出美的所在。审美理解力是审美鉴赏力的前提，审美鉴赏水平的高低取决于审美理解力。我们通过实践得到证明，若要对一个事物有深刻的感觉，必须先理解这个事物，审美理解也是如此。所以，审美理解力的培养和提升与审美鉴赏力有直接的联系。努力学习科学、文化、文学、艺术等方面的知识，拥有扎实的基本功、扩宽知识储备、用心思考生活、用心看待世界、丰富社会阅历等是培养审美理解力的必要途径。对艺术品而言，只有把握因民族传统所决定的表现形式、作品内容的思想倾向、艺术品产生的时代等，才能称得上理解它，从而产生审美感情。同样，提升审美理解力所必须懂得的知识之一是艺术手段的基本规律及艺术语言。这些因素是培养和提高审美鉴赏力的基础条件。

3. 审美创造力

审美创造力是审美主体根据美的规律表现和创造美的能力，是最为复杂的一种审美能力，是审美活动的高级阶段。在大量审美经验积累的基础上，根据美的规律创作出拥有美的形式与深刻内容的作品以及成果即是审美创造力的表现。语言信息、认知策略、智慧技能等是形成审美创造力不可或缺的一部分。马克思主义在审美创造方面的理论是一种美的规律的理论，它清楚地指出，人类的创造活动并非是随意进行的，而是有规律可循的，人们根据美的规律来创造美的东西，美的规律是将人的主观愿望和目的，也就是“内在固有的尺度”，与特定事物的客观属性，也就是“任何物种的尺度”相结合，将人的本质力量体现为可以被人审美欣赏的具体感性形式和生动形象。

审美主体的主体性充分肯定了马克思主义关于美的规律的理论，同时，也没有忽视作为审美创造材料的客观事物的规律性，对人的审美创造作出了深刻的理论概括。审美教育工作者的审美创造依托于在教育实践中，根据人的成长发展规律、教育的规律、美的规律、客观事物的规律，在对象上附着理想、智慧、情感、思想，并使其成为可供欣赏的、生动的、可感的审美对象。这种审美创造在教育活动中成为审美教育的一部分。审美教育创新与审美教育工作者审美创造力的形成和发展共同进行和存在。

（二）教学技能美与管理技能美

审美教育的开展不仅需要专业的课程，也需要在日常的教学中进行渗透，所以高校教师的审美素质还应该体现在他们的教学技能以及管理技能上。

第一，提高教学技巧的审美水平。教育不仅是一种科学，而且是一种艺术。在教学实践中，教师的教学艺术体现出其自身的美的特点，给人以美的感觉。有些学者提出，教育具有审美、思想和科学三重属性，与“美”“善”和“真”相对应，而教育的审美属性是教育活动自身具有的属性之一。由于其功能与特征之间存在着紧密的关联，因此在教学中，“美”的本质赋予了教学过程以“美”的功能。

教学的美学功能与审美性特征的发挥，主要表现为教师的教学可以产生一种扣人心弦、吸引学生的审美魅力。教学美是教师根据美与教育规律所创造的，它不仅体现了教师高超的教学技巧，更是教师智慧的结晶。

第二，在教学中要体现出一种和谐的美感。“教”与“学”的和谐统一构成了“教”的过程。在教学中，教师要尊重学生的主体地位，使学生能够获得自主、全面、和谐、可持续的发展，在教学中要实现各种心理能力的协同作用，要将想象力和情感的作用发挥到最大，使理性因素与非理性因素相互沟通，营造出一种活跃、生动的氛围。

第三，学习内容拥有充实美。教学美非常重要的一部分是教学内容的丰富性。体育运动、艺术、劳动技术、社会道德知识、科学基础知识等范围的教学内容都要丰富，而不是仅限于教学内容本身。教学内容的丰富美包含教师和学生加工改造之后而具有美的特征的内容，也包含从人类文化知识体系中直接迁入的丰富的科学美、自然美、社会美、艺术美等内容，还包括以善的内容、真的内容获得的美的形式。

第四，教师应提高其管理技巧的美感。在对学生的管理过程中，特别是与学生进行交流的时候，教师要注意沟通的技巧、营造愉快的氛围以及良好的沟通，这样才能在一定程度上促进学生的成长和教学工作的顺利开展。在教学工作中，老师要时刻关注并把握学生的想法和需要，并适时地对教学方法进行创新和改进，采用一种学生都喜欢并愿意接受的方式，有效地开展教学工作，从而在教学过程中获得学生的认同和尊敬。

教师和学生的情感沟通、学习交流、知识传授等互动是否顺利，与审美教育者在管理、教学中是否展现出工作的美感和艺术性有直接关系。因此，提高教师的管理技能美、教学美非常重要。在实际工作中，教师的教育教学能力和技巧可以通过进修、交流、培训等方式得到提升。

（三）人格美与道德美

1. 人格美

人格是一个人的尊严、潜在能力、道德品质、气质、性格等方面的综合，即人之为人的一种规定性。教师的人格是其精神境界的充分展现，它反映着一个教师的人品、才情、心性等方面的综合素质。教师的人格素质如何，在“教”与“学”的过程中直接影响着学生。“学高为师，身正为范”。教师是学生的榜样和表率，是学生锤炼心志、养成人品、获取知识的导引者。教师在人格方面的表率或榜样作用潜移默化地发生着，并通过学生内心的接受和认可，进一步内化学生的意愿和理念。这样的内化过程是在学生心中确立教师高尚形象和人格权威的过程，一经确立便会深深地扎根于学生心中。

教师人格魅力的重要组成部分是高尚形象和人格权威，这对审美教育效果有着非常重要的影响。经教育心理学和教育的实践实验证实：教师和学生要在施教者的才情、学识、人品等方面有一定的心理位差，这样，受教育者，也就是学生才会仰慕、尊崇教师。学生才会充分地记忆、领会、理解教育或教学的内容，才能真正获得教育过程的效果。因此，在审美教育中，教师不仅要拥有融会贯通、广博专深的学识，还要具备卓越的品行和人格，这样才能让学生感受到很强的人格魅力，从而实现审美教育活动。

2. 道德美

教师的道德美既包括个人品德，也包含职业道德。当然，由于教师角色和职位的特殊性，教师的个人品德大多体现在职业道德中，所以在此仅论述教师的职业道德。具体而言，教师职业道德大致包含六个方面：一是献身教育，忠诚事业。师德的最高准则是忠诚于教育事业。只有对教师职业有了正确理解和认识，忠诚于社会主义高等教育事业，才能形成高度的责任感，并将培养学生作为自己的职责，全身心投入，无私奉献；敬业乐业，一心一意为教育服务。二是用心教书育人，关爱学生。学校教育是一种促进人、改造人、塑造人、培养人的全面发展的过程。教学是一种调节教师与教育目标之间关系的伦理要求的行为。它既是教育活动的目标，也是教师工作的主要内容。在对学生进行细致的教育过程中，既有爱，也有严。要做到爱而有韧，严而有恒；爱而有导，严而有方；爱而有为，严而有度。要做到“爱中有情，严中有爱”，做到“爱”和“严”的有机结合，才能取得最好的教育效果。师爱是一种很好的教育方式，是一种正面的感情。许多教师以他们严谨、博大、公正、无私的爱心，造就了一代又一代的杰出人才。三是要做好教师的表率作用。教师道德的实质是“人师”和“经师”的统一。在生活作风、工作态度、政治思想等方面，老师都要树立起良好的榜样，要想正人先正己，在教学的过程中，要用崇高的人品、渊博的学识、精湛的教学技能来吸引并感染学生，教导学生做一个正直的人、认真严肃的人。四是追求卓越，严谨治学。高校教师一定要求真务实、刻苦钻研、孜孜不倦、谦虚好学，在高度、广度和深度上，不断地提高自己的知识能力。这样才能以其渊博的学识履行其促进学生全面发展的职责。五是勇于创新，锐意进取。高校教师的品格特征是不断创新。新时代的高校教师为了更好地教育学生，必须不断地探索真理、开拓进取，转变“教书匠”的传统角色思维，积极开展科学研究，进行知识创新。六是团结协作，严己宽人。“以德待人”是高校教师的传统美德。由于教师的劳动成果具有集体性，劳动形式具有个体性，因此在对自身的要求要更高，与部门、与上级、与同事的关系要更好。教师对学生要理解、尊重，要与学生为善；教师之间要共同提升、取长补短、相互学习。

（四）外在美

教师的审美素质不仅包含审美能力、道德品质等内在方面的美，还应该包含外在方面的美，而高校教师审美素质中的外在美主要表现为风度美和语言美。

1. 风度美

人的表情神态、修饰打扮、举止言谈、动作、形体、容貌等展现出来的美即风度美。风度美是人在长期的社会实践活动中形成和发展起来的，是人的生活习惯、个性特征、文化修养、道德情操、精神境界的外在表现。礼仪美蕴含的丰富意蕴主要有三个方面。第一，人们的心灵境界是以美丽的仪态、神态和动作来表现的。形体美表现为充满活力、健康匀称的身体。仪态美表现为衣着合体大方，五官端正，透出神采。行为美的特征是需要献身时表现出的大无畏的英雄气概，为人求实进取、潇洒自如、温文尔雅、谦虚礼貌，言谈举止得体。人性美不可分离的两个因素是外在美和内在美，两者的和谐统一是理想的人性。一个人不能只追求外表的漂亮潇洒，而远离心灵美，不然会沦落为“金玉其外，败絮其中”的“绣花枕头”。教师在教学过程中，要注意自己的品德修养，也要注意自己的形象和仪表，做到内在美与外在美的和谐统一。第二，人的情趣、修养、品德、个性、气质的外化。风度美看似是在外在行为中显露出的美，但是它重在内涵，偏重修养，贵在内在美的自然流露。一个人不管言语如何委婉动听，只要缺少内在修养，就无法掩饰其内心本质的庸俗，纵使万般努力表现，若品德修养不够，没有思想深度也是徒劳。第三，人的形态不同，决定了风度美的多样性。优雅美是一种很复杂的美学现象。每个人的社会阅历、生活经历、生活环境、性格特征等都不相同，所以他们天生就有不同的举止。社会生活中的美是多种多样的，其表现形式也多种多样。有人沉稳，有人内敛；有的人幽默风趣、热情奔放，有的人文静贤淑、质朴端庄；有的人豪放粗犷、爽朗潇洒等。人的内在精神境界、道德情操、性格、气质等是决定风度美的主要因素。风度美善于凸显个性，取长补短。风度美表明了人类在完善和认识自我方面的指向和要达到的高度，是人类文明的象征。

审美教育工作者在教育活动中往往是作为一面镜子，标立在他人的面前的，一颦一笑、一举一动都会映入人们的眼中。人是很容易产生盲点的，眼睛生在自己身上，功能却是用来看别人的，当一面镜子摆在面前时，人们得以很容易地观察自身。审美教育工作者因为所处的位置，很容易成为别人学习的对象，所以优雅美不仅关系到人生，而且关系到职业。风度美是在日常生活中逐渐形成的，它一定会受到民族习惯、地理环境、历史条件、文化传统以及各种社会意识形态的影响，在不同的历史阶段，体现出的与风度美相关的内容、标准和评价方式也一定会有所不同。风度美指的是人类在遵循美的客观规律的基础上，对自己进行自我认知和自我完善的结果，同时，风度美还为自己的一言一行提供了审美或自我塑造的依据。美育教师对仪态美的追求，就是要把人的内心美和外部美有机地结合起来，有了精神的美，就有了仪态美。任何一种仪态，都必须具有普遍性与个性的协调，它是自然而然与精心雕琢的有机结合，是内在表现与外部装饰的完美结合，才能使仪态美得到最大程度的发挥，并带给人一种强烈的美感。

2. 语言美

妇孺皆知，人们沟通的桥梁是语言。在人与人的交流中，语言有时是屋漏遭阴雨，有时是久旱逢甘霖。语言可以在矛盾丛生时，引起哀怨情仇，也能化干戈为玉帛。语言和意识一样，由与他人交往的迫切需要产生。

心灵美的外化表现是语言美，礼貌、谦逊、文雅、和气；清晰精确、言简意赅；富于韵味、生动活泼；谈吐文雅、语言文明；合乎逻辑、用语准确等是其基本要求。心灵美的直接表现是语言，由语言表现力、道德品质、思想情感、文化修养各不相同的个体来体现，因此语言美有不同的展现形态。语言美直接影响人际关系的协调和交往的效率，是人际交往的必要手段。将优美的语言运用于审美教育工作者与受教育者交流的过程中，会收到意想不到的效果。对教育工作者而言，语言美不只是几句华丽的辞藻这种表面上的，而是需要扎实的理论基础作为辅助，运用技巧才能博得众彩。语言美的灵魂是思想，语言美的源泉是知识。培养心灵美、提升审美文化素质、加强语言修养，才能做到语言美。审美文化修养越高、文化知识越丰富，思路和视野就会越开阔，说起话来就能挥洒自如。缺乏知识储备，孤陋寡闻，会使其语言表达成为无源之水，捉襟见肘，思维容易出现“短路”。言语道德修养与言语行为是否文明有着直接联系。没有一定的文化修养，不可能妙语惊人，也不可能言谈文雅。一个人的内心世界包含审美心理、知识、情感、人格、道德、思想等，语言美是内在品格的自然流露，要借助语言把内心活动的内容表达出来。我们若想语言优雅动听，就需要具有智慧的心灵；要想有美的语言，就需要具有真情实感。

通过自己的言行表现出个人的心灵，在表达对事物的主张、观点、认识、感受的同时，良知、胸怀、情操、思想也被展现出来。拥有伟大思想的人行为高尚，志气远大、胸襟豁达的人通常会有高雅的谈吐。语言之美是一种情感之美，是一种思想之美。没有真诚热烈的感情，就无法感动人心；没有正确深邃的思想，就无法写出一篇令人信服的文章。只有情感与理性交融，才具有说服力，才能打动人心。语言美的魅力在于艺术美，首先，它的思想美和内容美决定了它的语言美，但这并不是说我们可以否认用语的技巧，也不是说可以忽视语言的艺术美和形式美。语言美一定要简洁、生动，如果没有精湛的用语艺术，就无法传达出深刻的思想，深刻的语言与深刻的思想是相辅相成、相得益彰的。语言美有利于促进社会的安定团结，陶冶人们的文明情操，拉近人与人之间的关系。

因此，语言美是时代的需要，是精神文明建设的需要，也是个人成长的需要。教育者的必修课之一便是修炼语言，这是自我需求，也是社会的要求。

利用艺术欣赏、旅游观光、艺术类课程等方式来提升教师和管理人员的艺术素养。对教师而言，把工作及工作对象作为一个具体的感性形态的整体进行审视，可以提升艺术素养，并有利于激活、放大人的审美能力。以不同的形式表现美，使教师在教学的过程中通过自身的语言、手势、表情、语态等方式，充分地创造美的氛围，使学生能够感知美、体会美。所以，教师要注意使用适当、流利的语言，自然适度的表情和姿态，健康的体魄等细节，而并非仅限于提升自身艺术素养。教师要以审美的眼光搭配服饰，与环境和职业相协调，做到大方得体，使自己成为学生的榜样。

二、教师审美素质提升的策略

（一）更新教师审美教育理念

现代化社会是一个创新型的社会，需要富有创造力的人才。创造力的培养需要艺术精神的熏陶，而不是仅限于专业知识的教育，两者相结合才能促进现代人的健康发展。审美教育的熏陶作用因传统教育对知识技术的关注而被忽略，阻碍了人们对美的追求，使得大学生创造潜能被单一的思想所限制。时代对教育的要求是加强审美教育，将艺术与科学完美结合。我们要认识到美育对社会风气的导向作用，审美是人在全面发展过程中拥有的内在力量，在未来高校中，教师必须转变教育观念，同时，美育观念也要顺应时代变化。

1. 重申全面发展的教育理念

全面发展的教育理念表现在德、智、体、美、劳五大方面，并发挥着重要作用。“五育”中每一方面都有其独立性，是既相互联系又相互区别的，我们的教育目标是协调五大方面，并非突出某一个方面。

教师要秉持全面发展的教育理念，以自身的德、才、学、识影响学生，引导学生，传播知识，加强情感教育，以情感人，以美感人，这样才能达到培养有理想、品格高尚、追求美的接班人的目标。课堂教学是包括美育在内的教育活动开展的主要阵地，教师以自身对美的理解与追求感染学生，在这一过程中，教师不但可以使学生的审美观得到健康发展，成长为未来社会需要的优秀的人才，也可以使自己的审美追求得到实现。除此之外，课外活动更是变理论为实践的有效途径。在活动中，学生手脑并用，自然发展了自身的体育、劳育，这些行动又受智力、道德支配，从而发展了智育、德育。而这些教育的开展旨在塑造完美的人，一个懂得追求美的人才是全面发展的人的终极目标。因此，更新教育观念，协调五大教育发展，是教育活动开展要解决的首要问题。

2. 突出个性发展的理念

勇于追求自我个性的发展是青年学生最突出的心理特征表现，个性是创造潜能的外在表现形式，因此教育的重点是正确引导学生的个性发展。个性的自由发展是人的全面发展最突出和强调的。高校教育工作者，最重要的是加大高校素质教育的力度，培养学生乐观向上的个性，引导学生向着积极健康的道路发展。美育在这一方面的教育上发挥着极其重要和特殊的作用。

美育不是枯燥的理论说教，而是一种情感教育；美育是师生关于美好生活事物的情感交流，而不仅是教育方式，因此注定以人为本。重视人个性的发展，其实就是重视人在发展中的主体性地位。学习科学知识和发展自我个性是青年学生在成长过程中必须经历的两种活动，前者深刻认识世界发展的本质规律，后者寻求自身兴趣志向的实现。前者是后者的基础，后者是前者的推动力。在当前推行素质教育的时代潮流中，如对人生的计划和实践、对真善美的追求、对美妙艺术作品的欣赏、对美好生活的向往等学生积极的个性心理，我们要更好地应用美育的教学手段去培养。学生非智力因素的发挥，在这个过程中非常重要。我们面对的不是学习机器，而是活泼、有激情、有朝气的青年大学生。若想抓住素质教育的根本，教师必须把握住这一点，帮助每一名学生走好人生关键的一步，溯本求源才能制订适宜的培养方案，才能让学生赞美生活、热爱生活，做一个积极乐观的 21 世纪的大学生。

3. 深化着眼未来的观念

青年一代是未来世界的主人公。在这个富有生机与活力的现代化世界中，青年学生该以何种知识结构、精神面貌去面对未来世界激烈的竞争，既是教育工作者需要思考的重点难题，也是青年人当前应把握的重点。因此，我们进行教育活动的前提是“着眼青年人自身的发展”“着眼未来”。

随着科学技术的飞速发展，教育发展既存在机遇，也存在挑战。信息技术的应用是教育与现代高科技之间最为密切的关系。信息技术为教育资源的共享做出了重大贡献，也为经济发展提供了便捷。在未来的教育活动中，实现教师与教师、学生与学生、学生与教师、学生与教育资源间的互动，必须依靠信息技术。这种互动是学习经验、教育方法的交流，也是资源的共享功能。图书馆是现代高效信息技术应用最广泛的地方。众多高校为了满足学生对知识技术的更深、更广的需求，建立了高校图书馆互联网共享。此外，一些高校将本校精品课程做成课件，发布到互联网以供有需要的学生学习。对美育而言，未来高科技的发展为其提供了无限机遇。人们的物质生活因高科技的到来而获得飞速发展，同样，高科技的发展也需要适应发展的新型人才，即全面发展的人才。对21世纪人才的培养而言，美育将成为促进人才全面发展不可缺少的一门重点学科，我们要抓紧情感教育的大旗，这样才能从内心深处、灵魂根部教育有道德、有理想的青年。

（二）丰富教师能力结构

人们对学科专业教师的能力结构要求，在以往仅仅局限于本学科的教学实施能力、良好的心理结构、系统的学科知识结构等方面。教师将本学科的教学和行程知识结构作为全部的工作内容，将自己局限在非常狭小的圈子中。如今，学科间的界限被新一轮课程改革打破了，我们强调学科间的整合和课程的融合，倡导整合课程实施理念，使课程要素之间形成有机结构和联系。我们需要打破固有的狭隘的教育观念，建构跨学科的知识结构，培养跨学科的教学实施能力。美育观与新课程改革主张在教育活动的全过程淡化美育的学科界限，其内在精神一脉相通，这无疑对教师的能力提出了更高的要求。所以，丰富教师的能力结构是教师审美素养提升的必要途径。

1. 强化教师的审美意识

在教师审美素质结构中，其基础是审美意识，拥有强烈的审美意识是教师完善审美素质、提升审美能力、丰富审美知识的前提条件。我们要不断强化教育理论工作者和教育行政部门领导的审美意识，让他们认识到审美素质的重要地位。因为教育理论工作者和教育行政部门领导对教师素质的要求和教师队伍的建设起着导向、决策、规划作用。教师自身的审美意识也要不断强化，缺乏审美知识，会导致审美素质下降，直接影响教育教学，没有足够的能力将美的原则和宗旨贯彻到教育活动中，无法发现和发掘学科教育中蕴含的丰富的美育因素，无法在向学生传授知识的同时，增加学生的学习兴趣。让学生体验美的感受，最终也将影响教学效果，这一点教师一定要清楚。

2. 强化教师的审美实践

（1）教师自身的审美实践活动

教师从事审美的具体活动即审美实践，教师的审美创造力和想象力，通过审美实践可以得到启迪和激发，教师可以提高自身的审美素质，也可以运用这种审美创造力开展学科教学。审美创造和审美欣赏是教师自身的审美实践活动的两个方面。教师从中得到了领悟和体验，获得了深层次的心灵陶冶和审美情趣；并在其中展现自身的才华，获得自我肯定、满足的喜悦，从而提升审美能力，使审美水平进入更高层次。因此，教师应该积极参与审美实践活动。审美创造需要在丰富的审美经验的基础上进行，如欣赏优秀艺术作品的艺术美，阅读经典的艺术史教程，参观美术馆、博物馆的自然美，去名胜古迹游览等，积累大量审美经验，提升审美趣味。听听《春江花月夜》《蓝色多瑙河》的音乐，读读鲁迅、巴尔扎克的著作，看看徐悲鸿、罗丹的画册等，以自身的审美修养去开发学生智慧的心灵。

应该注意的是，由于当前审美取向和审美趣味的多元化，以及大众文化给审美活动带来的巨大冲击，教师应该树立积极的审美价值观，敏锐地感知日常生活中的无孔不入、无处不渗透的一些审美现象，并做出正确的审美判断。此外，教师还应该了解当代社会不断更新的审美信息和各种审美形态的特点，以便于使美育内容具有更为深厚的生活基础和广阔的时代背景。同时，教师作为教育者，还应广泛关注学生的审美对象，充分了解学生的审美取向和审美内容，包括他们在家庭和社会感知的那些内容。教师应以自己的审美知识与修养，判识它们的审美价值。对其中具有审美价值的，选取并建设使之完美，使之易于引起学生的审美注意与感知，激发学生的情感体验；对那些审美价值不高乃至低劣的，则应以适当的方法引导学生自觉疏离或摒弃。

（2）在教育教学中贯穿审美实践活动

人不仅作为静态审美中的审美主体参与审美活动，而且作为动态审美活动中发展着的、创造着的人被关注。教师要提高审美能力，贯彻实施大美育，就不能仅仅满足于生活中对自然美、艺术美等的关注，还应该在教育教学过程中实施审美实践活动，把审美实践活动与学科教学、教育活动联系起来，在提高审美操作能力的同时提高自身的审美素质。

3. 营造良好的美育氛围

良好的美育氛围，不仅能为具备审美素质的教师提供施展才华的舞台，同时也可以激发教师潜在审美素质的发挥。优美的校园环境、融洽的人文氛围，以及由此折射出来的校风、教风、学风等，对教师审美素质的提高所起的作用是难以估量的。良好的美育氛围，不仅是美育观主张把美育落实到教育活动全过程的一个体现，也能在很大程度上促进美育观的实施，推动教师审美素质的提升。

（三）加强对教师的培训

1．参加培训研讨活动，提高对审美的认识

与时俱进是审美教育的命题，无论是审美教育理论，还是审美教育思想；无论是审美教育内容，还是审美教育方法，都应该也必然要跟随时代发展的步伐，方能彰显生命力和活力。而实现这一切，审美教育工作者是关键。作为审美教育的主导者，教育者要充分利用一切条件，积极参加相关培训和研讨会。这对弥补美学知识，提高美学、文艺理论、艺术、审美教育等方面的理论素养、学识水平、教育能力，以及推进审美教育可以起到积极作用。培训研讨可以加深对审美内涵、特征、地位、功能的认识，以及对社会主义精神文明、对人的全面发展重要作用等问题的理解；可以围绕当今世界的科教发展，结合东西方文化交流的语境，明确审美的课题和所面临的任务，在与专家学者的交流、探讨中达成共识。审美教育的理论与实践，应当与时俱进，应尽快走出脱离现实的抽象思辨、理论说教的窠臼，从而实现必要的审美转向，将审美作为理论与实践的前沿课题，加以研究突破。我们既要继承中国古代的审美传统，又要借鉴现代西方审美教育教学的新思想，吸收其精华，构建我国审美教育的理论体系。

2．加强知识学习，提升鉴赏水平

通常审美主体的知识水平和审美能力的高低成正比，有知识的人可以更敏锐地感受美、发现美，进而借助于情感和想象实现对美的理解。否则无法深刻、准确地理解审美对象的美，以及拥有高雅的审美情趣。因此，我们若要培养良好的审美情趣，必须通过学习，提升对美的理解和解读能力。审美素质的发展因素有很多，在知识学习方面需要注意的是，第一，学习美学知识。包括美的类型、形式、内容、特征、本质等，通过学习美学理论，准确把握美与真、善，美与社会实践，美与人的本质的关系。在学习过程中，我们要将自己的审美实践与马克思主义的美学理论结合起来，正确掌握审美评价的方法和基本原则，根据美的规律创造美、欣赏美、理解美、发现美，不断提升自身的审美能力。第二，学习有关审美对象的专门知识。审美在客观上要求审美主体掌握关于审美对象的丰富知识，是一种高级的精神活动。了解艺术反映和产生的社会背景，了解特定艺术的表现方法和特点才能解释艺术美；了解社会发展和活动的基本规律，才能理解社会美；了解自然美的特点和内涵，才能领会自然美。不然，我们无法充分认识美的价值，更何谈将美感分享给他人。

总而言之，作为新时代的高校教师，要勇于接受考验，要努力成为优秀的审美教育工作者，要坚信努力与付出会有收获，这样，离“长风破浪会有时，直挂云帆济沧海”的成功，一定为时不远。

第三节　高校审美教育的学生素质的培育

一、高校学生审美能力的培养

审美能力，是指个人在进行审美活动时，对审美对象的感知、理解，以及由此而引发的审美创造等。一句话，审美能力是指一个人以美的眼光看待这个世界的能力。每个人的审美水平都存在着一定的差别，而美育能够促进人的审美水平的提高。美育对个人审美能力的提升，主要是指美育可以提升人发现美、感受美、理解美的能力。审美教育就是用美的形象来影响人，使人产生一种情绪，这种情绪的活跃会产生一种强大的力量，促使人去主动地想象和思考，用一种感性的方法来感受和认识这个世界，从而获得一种审美的经验，提升自己的审美水平。在前面的文章中，笔者已经对审美能力作了一个初步的阐释，在这一部分，我们将更多地联系到大学生的审美能力的培养上来探讨。

（一）审美感受力的培养

1. 审美感受力的结构

审美感受是审美意识、审美想象和审美情感的综合。各美学情感要素对美学感受的知觉结构有其独特的功能。从总体上看，他们并不是孤立地存在于一个统一的审美感觉过程中，而是有机地结合在一起。

（1）审美感觉力

审美感觉力是指人用感官来把握客观美得事物的个体特征的能力。手、舌、鼻、耳、眼，都是人类感官的一部分，它们对美的各种特性作出反应，从而形成了触、味、听、视的能力。当人们对美的对象掌握得越多，这种美的情感就越具有持久性。

（2）审美想象力

审美想象是指人在感知的基础上，以情绪为驱动力，进行更深层次的感性活动的能力。这就是主体所感知的物质，在精神经历和情绪的交融与浸润中，会产生某种新的感受与经历，进而促使心理想象的放飞。因此，审美想象是一种较高层次的审美感觉能力。从内容上看，美学想象可以划分为两类：一类是再造性想象，另一类是创造性想象。再造性想象是在大脑中再现了客观的事物；创造性想象力则是以主体调动经验积累为基础，对不同的审美因素材料进行重新组合，从而创造出原本并不存在的美的形象。审美想象的创作过程是一种主观的、积极的、具有能动性和一定水平的行为，需要较长时间的培育。

（3）审美感悟力

审美感悟力是一种贯穿于审美者对美的感知与想象的过程之中的直观的认识能力。一朵菊花、一弯明月，人们通常会在感知到它们的形状、色彩、空间位置以及其他属性、条件的时候，还会激发出一种内在的、建构性的、综合性的想象力，从而对菊花和明月有了某种形式和内涵的认识，这就叫审美感悟。在审美感悟中，对形式美的高度感知与对内涵的独到发掘相结合。尤其是对一件艺术品的感觉，需要更高的理解力。举例来说，观赏毕加索的立体绘画，不仅是对画面的形式有直观的认识，也是对画面的构成，更是对画面的一种通过构成形式的理解而获得的一种理解。唯有达到较高层次的美学感悟，才能称得上是一种全面、深刻的美学感悟。

2. 审美感受力培养的方法

（1）通过自然美的化育培养审美感受力

审美意识的培养和提升，主要来自对自然美的观察和经验的积累。自然是美的良师。当我们置身于自然的怀抱中，看着青山绿水，看着云雾缭绕，我们的眼睛就会变得更亮，我们对色彩的敏感度更高，我们会被大自然的鬼斧神工所吸引。在大自然的影响下，人的视觉、听觉、味觉和触觉都会变得更灵敏。古往今来，有不少伟大的艺术家、科学家，如李白、杜甫、徐霞客、普希金、罗蒙诺索夫、达尔文等，无一不是对自然之美有着异乎寻常的热爱。尤其是在孩提时代、少年时代，自然美的教育作用更加强大而持久。所以，不管是学校、家庭还是社会，作为审美教育的主体，都要尽可能地为受教育对象提供观察、欣赏美的自然现象的机会，并对其进行训练和提升，如审美感知、审美想象等。

（2）通过生活美、现实美的化育培养审美感受力

生命之美、现实之美，就是以人类的劳动与生活为中心，呈现出的一种绚丽多彩的美。人一旦进入社会，就不可避免地会产生对生命的美、对现实的美的感觉。但是是否能够真正有意识地感受并掌握一种健康、向上的生命之美，具体到每个人就很难说清楚了。一般而言，越是有积极向上的思想，热爱生活、热爱劳动的人，越是能体会到生活的美好，并且被生活的美好所感染，从而达到情操的陶冶与升华。

生活美和现实美的表达范围非常广泛，既有美好的、适宜的社会环境，也有形态各异、多种多样的生活产物；从崇高、纯净的道德品质，到激动人心、气壮山河的民族精神，以及英雄事迹，都渗透并体现了生活美与现实美。生命美和现实美，是指在生命与现实中，体现着一种前进的理想，一种高尚的精神力量。有一句老话说得好："近水楼台先得月"。多体味美好的人、物，就会自然而然地提升自己的审美水平，使自己的审美观与社会的价值观相一致。通过对生命之美的感悟，可以提升人的审美感知、审美想象和审美感悟的能力。一般而言，生命美是社会性的、时代性的。但是，因为美与丑共存的现实生活，如果没有健全的审美意识，没有一定的审美水平，是无法分辨的。所以，用生活美和现实美来教育和提高人，对于大学美育而言，仍然是一项十分艰巨的任务。

（3）通过艺术美的化育培养审美感受力

艺术美是对自然美与现实美的浓缩与概括。文学、音乐、美术、戏剧等艺术形式中的美育，能够使人产生更深层次的美的感觉。因为艺术美是人类思想和精神的创造性的表现，所以与自然美和现实美相比，它在感觉的方法上更加直接、更加含蓄，也更加深刻。不管你对感受对象的其他因素（品德、情操、兴趣等）有多少了解，你都很难将这个人排除在外，并上升到某种普遍的、本质的意义领悟上来。但在艺术品的感受中，却可以实现这一点。通过诗歌中对自然风景的描绘，欣赏者可超越语词层面，领略其内在的神韵，并将其与自己想象中的山水相

结合，唤起对最美的山水风光的赞美。美术教育通过自身的形式、结构等，激发受众对于艺术的感性形式的敏感性与激情，这是美术教育所强调的。观看齐白石的绘画，便会为其虚实呼应的构图、趣味无穷的墨色自身而感到深深的眷恋；听到小提琴的独奏，你会被它美妙的旋律和音质所陶醉。在这种情况下，对艺术形态的审美感觉就成了审美主体的一种强烈的精神需要。正如德国著名学者恩斯特·卡西尔（Ernst Cassirer）所说："艺术的情感是创造性情感。它是那种我们生活在形式的生命中而感受到的情感。任何形式不仅具有一种静态的存在，而且还具有它本身的动态的力量……在艺术中，不仅我们感觉体验的视野拓展了，而且我们对现实的视角和眼界也改变了。①"

（二）审美想象能力的培养

审美想象是指对新形态进行自由掌握与创新的能力。想象是一种意象，又是一种自由，思接千载，视通万里，超越了现实，超越了时空的美学想象，在激发人们的创作潜能方面，起到了不容忽视的作用。审美活动不是被动的接受，而是一种主动的创造，在每次审美的过程中，都会引起人们的各种联想与想象，总会有意想不到的惊喜与新的发现。这种带着主观色彩的审美欣赏，主要体现在对作品的形象进行补充或者重新创造上。由于每个人的经验、印象、修养和积累的知识都不一样，所以重新创造的形式、手段和风格也都不一样，这就为挖掘、充实和丰富作品的深层内涵增添了色彩。所以，在美育的过程中，重视对人的想象能力的培养，就显得尤为重要。

1. 积累审美经验信息

在教学过程中，应使美育教师更多地参加美术实践，通过在美术实践中积累美的体验，培养学生的想象力。艺术就是要让欣赏它的人产生共鸣，有了共鸣就会产生联想，有了联想就会让想象飞翔，有了想象的飞翔就会变得更广阔。我们需要一些"材料"来产生共鸣和联系。人的大脑存储着很多的审美信息、审美表象、经验。这一点也很好解释，当一个人的脑子里一片空白，那么他的想象力就会缺乏最基础的素材（当然，潜意识也是想象力的一种素材）。人脑记忆的形象愈多，形象愈不稳定，它的瓦解和重组就愈多，新形象出现的可能性也愈大。所

① 赵建军. 论审美感受力及其美育实施途径[J]. 青海师专学报，1999（1）：41—44.

以，要有丰富的多种艺术经验，要在多个层面上，积极地关注生活、关注社会和关注自然，要充分享受生活的乐趣，这对于增强审美想象力是很有帮助的。

但是，我们也应该看到，由不同类型的艺术审美活动所产生的体验信息所引发的审美想象在形式上也有着各自的特征。比如，听歌、看画、读文，三种审美活动都能达到审美的愉悦，但是它们在想象活动上又有不同。因为绘画是通过颜料、线条等将具体的事物描绘出来的，它可以刺激人们的视觉，让人们的审美信息流入自己的大脑中，所以在观看绘画的时候，人们的想象总是与面前的这幅画有着紧密的联系，从而产生一种栩栩如生的联想，从而进入画中的世界。我国宋朝的画师郭熙认为，一幅画中的风景，应该给人一种“可以看，可以玩，可以住”的感觉，本来是“不可”的东西，现在被画出来，就有了一种“可以”的感觉，那就是看观者的想象了。

在欣赏乐曲的时候，客体不再是肉眼所能捕捉到的“有形”，而只是声学讯息的刺激，因为这个时候没有“形”可抓，所以想象力更加活跃。音乐听者通常可划分为两种类型：一种是具有较为丰富的音乐美学经验，且对音乐艺术规律有较为深刻的认识的人。这类人在聆听音乐的时候，他们的想象力会往更深的方向发展，从而更深入地体会作品的内涵，他们的想象会很丰富，但并不会脱离音乐太远。第二种人没有经过任何的音乐欣赏和训练，他们更多的是凭借自己的直觉来进行想象，所以他们的想象是自由的，没有任何限制，他们可以创造出一种情感上的愉悦，但在深度上，他们是缺乏的。

由语言文字组成的文学作品，在欣赏时，既不是像绘画那样直接、感性的视觉形象，也不能形成像音乐那样直接、感性的听觉感受。文学作品所展现出来的，不过是一系列的语符，读者需要运用自己的知识和阅历，以及与之相关的情感经历，来进行想象力的开发。所以，在审美过程中，人们的想象行为存在着一种“转化”的机制，它需要把符号化为具体的情感素材、情感体验。在想像的过程中，语符并没有消失，而是被赋予了与之相对应的、鲜活的情感素材，以及与之共存的文学意象和生活体验。这就是文学创作中审美想象的根本特点。

2．激发审美情感体验

人类的情感活动是人类想象和创造的根本动力。人在不进入一种特殊的情绪状态之前，是很难用真实的事物来满足人的需要的。比方说，一支笔只是一支笔，一本诗集也只是一本诗集，可是，当一支笔陪伴了你很多年，使你对它产生了感情，并把它称为“朋友”；你读了此书，觉得其内之诗，尤其能表达自己的心意，故称之为“知音”。从严格意义上讲，把笔当作朋友，把诗集当作知己，已经有了一种微妙的想象因子。这是因为，当一个人对一支笔和一本诗集有了一种特别的感情之后，他不再满足于一支笔和一本诗集，他认为这支笔和一本诗集还不足以承载他的感情，所以他超出了这个现实的事物，把它们叫作“朋友”，叫作“知音”，否则，他很难结束这段感情。有的学者把想象情绪的动态变化过程称为“凝结—转变—凝结”的双循环过程。其实，生活中的经历还让我们知道，多愁善感的人往往拥有更丰富的想象力。通过美育来激发和培养情感，从而进行想象的培养，这是提高学生审美想象能力的一条重要途径。

在美育中，想象和情感的培养实际上是一种“双向”的培养。想象和感情是相互刺激的，感情的强烈和丰富，都会刺激人的想象，所以当感情爆发的时候，他就会对现实的存在产生绝望。在审美过程中，正是由于这种“失意”和“不满”的心理状态，才使得主体从“现实”中超脱出来，进入“虚幻”的境界。古代美学家很久以前就发现了这个秘密。《文心雕龙·神思》中，刘勰将“情”与“意”之间的联系，用“神与物游”来概括。艺术主体的思想感情总是与想象相伴而生，而在想象中又存在着一种强烈的感情色彩。当审美主体的情绪在胸中翻腾时，情绪便会如东风般扬起想象之帆，灵感便会如泉水般涌出，情绪就会成为艺术创作的能量“加油站”。在审美想象中，当一种情绪被激发出来之后，它能够以激情、冲动等状态，构成一种强大的冲击力，推动着无数的记忆表象，使得想象拥有了大量的生活原料，而看起来非常的丰富和活跃。在审美想象的内容比较复杂，或者受到阻碍，需要能量的补充的时候，情绪又可以调动思维的动力和意志的动力，共同努力，克服审美想象中的困难，让活动得以顺利进行。

而且，这种极度活跃的美学想象，也极易引起人们的情感共鸣。想象是一种强大的艺术创作动力，它可以持续地激发出情感能量，从而维持并推动审美过程中所需的那种后续力量。这与审美教育活动中主体拥有的反馈机制有很大关系，审美想象所唤起的经验材料非常丰富，既有意识的，也有潜意识的；既有知觉记忆表象，也有情感体验表象。它不仅给审美主体以“身在其中”的感觉，而且常常给人以新的情绪体验，并以此为驱动力，不断加强创造性。

3. 训练理性类比能力

尽管从表面上看，审美想象是一种直观的感觉能力，但是如果我们要用美育来提高这一能力，就不能忽视对这一能力产生影响的深层理性因素。所谓“深层理性要素”，是指人类大脑所拥有的“以类推方式思考”的智力能力。“合理的类推”，可以理解为一种“逻辑思维”的能力。在类比想象的过程中，心理学所掌握的最少也是两个事物间的一种类似方式，而“类似性”和“相似性”的高敏感性是想象的关键要素。鲁迅在《故乡》里写道：“希望是本无所谓有，无所谓无的。”然后又写道：“这正如地上的路，其实地上本没有路，走的人多了，也便成了路。”通常情况下，“路”和“希望”很难在直觉上相似，但是当艺术家的想象力被激发出来时，他就在“有”“无”之间，创造出了一种相似的东西。很明显，在这个问题上存在着一个抽象的逻辑类推。这就是一个提示，是增加想象力的合理途径，而不是唯一的感觉。多学习一些科学知识，多站在哲学的高度进行一些理性的思考，把事情弄清楚，但不局限于这种分类，而是要看到彼此之间的相似之处，这对提升审美想象力是很有帮助的。事实上，在艺术和审美活动中，经常出现的隐喻、象征、移情，都是和“相似”联系在一起的。

美育过程中对推理能力培养的重视，一直是美育理论和美育实践中经常被忽视的问题。在我们看来，审美想象的培养就是把深层的理性要素与直观的情感要素结合起来的一个最具代表性的过程。实际上，欧洲 18 世纪的浪漫文学思潮，在倡导理性的启蒙时，就已经把理性的精神与感性的想象看作一种内在的审美力量。艺术的想象力，推动着艺术创造的主体，企图以一种美好的理念来代替不完全的现实。歌德的《浮士德》、屈原的《离骚》、陶渊明的《桃花源记》等“乌托邦”境界，都是他们在深刻的理性批评与强烈的幻想中，试图摆脱对生活的压制，达到对美好事物的追寻。

（三）审美情感的培养

1. 审美情感的产生

人的情感是一种非常复杂的心理现象，有着丰富的内容，是在心灵中模糊的、不确定的以及非常隐约的部分。因为很难量化，所以人们常把它看作一种神秘的东西，在宽广的艺术审美这个领域中，人的情感更加神秘，难以言传。

在人类从原始动物世界中超脱出来，逐渐步入了文明社会后，人的感情就被打上了社会文明的印记，而变成了人自由的、独有的本质力量。激情、热情是人强烈追求自己的对象的本质力量。与一般的动物情绪活动不同，人的情感活动包含着文化方面的、伦理方面的、艺术方面的、社会方面的内容。人的情感是自然的也是社会的，是自然性与社会性的统一，同时也是感性的和理性的，是感性和理性的统一。

审美创作活动是一项双向的运动过程，主要为“创造—作品—审美”的过程，在审美创作的过程中，情感在审美接受的过程中和情感在物化的审美作品中会产生不同的作用。审美创作主体创作的动力主要来源于情感。作为审美创作的主体，在创作开始之前，对生活进行了广泛而深刻的体验，大量的生活素材在审美创作主体的“印象仓库”中的积累，但是此时并非可以进行直接的创作。审美创作主体应该对“印象仓库”中素材进行筛选、提炼、汲取、酝酿、升华，在此基础上进行长期的琢磨与研究，并与之建立亲密的关系，只有这样才可能会在一次偶然的机遇中，被深深地触动，产生最初的灵感，并产生强烈的创作欲望，从而成为审美创作主体心中的一股激情与火焰，让内心躁动不安，就宛如汪洋大海，波涛汹涌。这种不平静的情绪最终会平复如初，回归到和谐之中，因此审美创作的主体就会进入创作的过程之中。在这个过程中，如果创作主体没有了情绪的激荡，也就没有了审美的创造。

从本质上来看，审美创作主体的创作过程主要是对审美情感进行物化的一个过程。审美创作主体的情感体验需要持续不断，在进入创作实践之后也是如此，审美创作主体应该在审美形象中凝结情感体验，在创作的过程中，情感是作品的生命和核心，只有具备情感的作品才是具有生命力和有趣的作品，就好似，手只有和人体连接在一起才具有血色，具有生命力。情感的色调在审美作品中越是丰富，也就说明其有着越生动的形象或意象；情感的世界越是广阔，越呈现出鲜明的形象或意象。

2. 审美情感形成的途径

审美情感的形成途径主要有两种，一种是在日常生活中情感的升华，另一种是在审美经验中不断积累的审美情感，但究其根本依旧为日常生活中情感的升华。在日常的生活中不断积累、沉淀、升华的肯定性情感与否定性情感就是日常情感的升华的内涵。首先，否定性情感主要指的是在日常的生活中，否定性生活产生的一种情感，在经过长时间的酝酿之后，克服了否定性情绪产生的困境，在这个过程中，否定性情感渐渐升华，在人们的大脑中积淀，升华为审美情感，这就如同一棵树，随着时间的流逝，逐渐长成大树，越来越成熟和丰富，这使得其审美性也越来越明显和突出。其次，肯定性情感一直存在、产生于人们肯定性生活体验中，其中一部分为审美情感，另外的一部分为肯定性情感，肯定性情感与审美情感非常相近，但又不完全是一种单纯的审美情感，它包含了许多自然情绪，在人的头脑中，它们慢慢累积起来，就会逐步升华成一种单纯的、纯粹的审美情感。在审美体验中，审美情感的不断积累主要指的是审美情感在审美作品的欣赏以及审美创作中的不断积累。鉴于对审美作品的欣赏是二度体验，因此审美作品一般引发的都是一种肯定性的审美情感，在经过二度体验之后，这种审美情感会在人们的大脑中不断累积，最终变成下一次审美体验的重要前提和基础。

自然美的欣赏是一种高级的审美活动，它脱离了人类的欲望，在体验自然美的过程中，人们的审美情感从意识的深处被激发出来。审美体验在艺术作品中主要包含两种类型，其一，共鸣性的体验，审美作品中所展现和描述的生活与读者有着非常多的相似之处，因此在对艺术作品进行欣赏时会产生一种感情共鸣的情感体验，读者和作者在这种情感体验中所产生的审美情感基本上是类似的，因此这样的体验可以使读者对作品的内涵和真谛有准确的、深刻的认识。其二，投射性的体验，审美作品的创作者所描写的生活与读者的生活存在着一定程度的联系，有着一定的相关性，这就导致读者在对这种作品进行欣赏的时候，会将自己的情绪和情感带入艺术作品之中，产生的情感体验与作者不同。后天审美情感形成的主要方式和途径有日常情感的升华以及以上两种类型的情感体验。

（四）审美鉴赏能力的培养

研究人的审美能力，相对而言，审美鉴赏能力更主动、更积极、更清晰，是重要的审美能力，并且有较多的理性因素渗透到人的思维过程中。这就意味着，培养人们审美鉴赏能力的过程也需要更加复杂、更加精细。站在本质的角度上来说，针对人们的审美鉴赏能力进行审美教育工作，就不仅仅是对某一个单项的、特别的能力所展开的审美教育，而应该是对整个人自身以及人格进行的审美教育，换句话说，当对某个对象进行审美鉴赏的时候，或者是进行课题世界审美的鉴赏行为、活动的时候，也同样是对自己人格和自身境界的一种审美和观照。

1. 审美鉴赏力的性质

(1) 审美鉴赏力是一种审美认知能力

所谓的审美认知主要指的是以审美对象的感性特征（形象、形式等）为切入点，按照审美的经验以及审美观念，审美主体所形成的对于美的理解和认识。审美认知之所以与其他的一般认知活动有根本的区别，主要在于审美认知并非是为了对概念进行掌握，而对对象的现象进行舍弃，也不是将抽象的概念和感性的对象结合起来，对其进行分析与研究，审美认知是在审美意识以及审美理解的影响下，根据审美对象所呈现出的形式、外观等，判断对象的美与丑。鉴于此，首先，可以将审美认知看作是感觉的“理论化”，可以对主体经验水平进行整体的提高，因此与万千形态、无穷奥秘的美相比，审美主体更能以“鉴赏”的方式来彰显其对美的认识与美的体验。其次，美的世界是非常丰富和多彩的，这就会对美的鉴赏起到刺激和完善的作用，提升人们的审美水平与理解水平，将对美的认识提升到一个新的高度。

(2) 审美鉴赏力是一种审美享受能力

审美享受主要是指在精神层面所获得的一种超脱的和自由的状态。在对审美对象进行鉴赏时，审美主体会对自身的心理因素进行积极调动，如想象、情感、感知、理解等心理因素，对审美对象的形式与内容起到协调作用，并且在这个过程中会获得一种非常愉悦的、轻松的精神体验与感受，这就是审美享受。审美鉴赏的作用主要在于借助对美的理解，产生否定或者肯定的审美价值判断。审美欣赏主要是与审美理解相伴而生，在心理上出现的忧愁、欢喜、悲伤、哭泣等情感上的体验。在审美鉴赏中的情感享受主要得益于两种审美体验，一位哲学家说，审美的判断，作为鉴赏的判断，不仅联系到优美，而且作为从高级精神的情感里发生的，也联系到壮美。这主要指的是，审美主体对鉴赏对象所产生的心理享受是由审美对象的审美特质所决定的，除了因为欣赏对象优美所产生的愉悦的精神，还包括由于欣赏对象崇高所产生的精神愉悦。面对优美的对象，人们会产生一种非常和谐的、平静的、简单的、单纯的心理状态，这种心理状态不包含恐惧与痛苦，就好像是人们对宁静的月夜、美丽的花朵、无私的友谊、亲子之爱、纯洁的爱情等产生的心理享受一般。在面对崇高的对象时，人们会产生一种心理上的不愉快与痛苦，在经历了一次心理与精神上的冲击之后，终于恢复了平静。具备艺术美、现实美、自然美的对象特质虽然并非只有优美和崇高两种，但是如果因为渗透了对象的悖谬进而产生了一种讽刺和幽默的笑，这也是一种非常具有特色的、独一无二的、别具一格的审美享受。审美主体因为理性的顿悟进而引发审美享受，因此这种审美享受是单纯的、轻松的、平静的。而作为一种特殊的艺术美类型，悲剧给人带来的审美享受则更趋近于崇高这种类型。在欣赏的过程中，审美主体从这些异质的对象中，获得了某种心灵上的解放与升华，获得了一种精神上的巨大快感与自由。

（3）审美鉴赏力是一种审美再创造能力

审美欣赏不只是一种普遍性的、一般性的感受、理解、享受，而是要通过自己的创作，达到一种“纯审美境界”。比如，去泰山，从艰难攀登十八盘，再到登高南天门，到逍遥逛游天街，再到登泰山顶峰，看日出、日落，每一个过程都能给人以新鲜和真实的感觉。不仅如此，面对眼前的美景，游览者在陶醉的同时，还会将这种感受以及由此引发的想象、联想与生活中的感悟和生命中的体悟融为一体，产生更加深层次的感悟，由此，人们发出“黄山归来不看山”“不登峨眉山，不识天下秀”的感叹。审美感悟与体验会超越对眼前的审美阈限，必将构筑一种全新的审美经验。此时，脑海中的泰山，就是一幅从未见过的、如梦如幻的画面。这就是在审美鉴赏中表现出来的创造力。

2.审美鉴赏能力的培养

（1）文化和艺术知识不断积累

古往今来，许多著名的艺术鉴赏家和社会学家、文化活动家都具有深厚的文化知识和艺术底蕴。马克思和恩格斯熟知从希腊神话到史诗、悲剧，一直到后来大约两千多年的西方文艺发展史，在此基础上，他们可以对许多文艺作品提出自己的看法与见解。鲁迅和郭沫若两人都是通晓中西文化的大家，他们对各种美术作品的欣赏评价，至今依旧深刻影响着我们。

（2）审美实践活动的丰富

在审美鉴赏能力的培养过程中，审美实践具有非常重要的作用，审美实践要想充分发挥其作用，不应该是静止的、单一的、一成不变的、死气沉沉的，而应该是丰富的、全面的、生动的。对于美的鉴赏过程，就是对生命的解放过程，是人生的展开过程。审美实践活动的综合性、全面性，恰恰反映出“生命与美同在”的真谛。全面性和丰富性的审美实践会对人生可能涉及的领域进行覆盖。美国著名教育家杜威（Dewey）主张在生活的日常经验方面普及美感经验。在当前的审美教育中，对这方面的教育重视程度不高，在大多数人的观念中，认为审美教育只有艺术教育才能得以实施。实际上，通过“寓美于象”“寓教于乐”“寓意于境”等方法，可以有效地、实质性地提升学生的审美能力。鉴于此，应该打破狭窄的纯艺术经验的局限，对审美鉴赏力的培养应该保持全面和完善，这样可以让每个人都懂得美、理解美，进而懂得如何创造生活与鉴赏生活。

（3）品味优秀艺术作品

如果我们将审美鉴赏力实现全面发展的切入点和“突破口”认为是丰富全面的审美实践，那么对审美鉴赏能力是否获得根本提高的重要标尺和标准为：是否可以对优秀的艺术作品进行鉴赏。艺术品集中体现着现实美和自然美，艺术品是审美主体的审美意识、审美经验产生的创造性反应的浓缩和结晶。一件优秀的艺术作品中蕴含着一个民族，甚至一个时代的审美经验的精华。因此，欣赏好的艺术作品，能够真实地反映出人们对于美的理解与对艺术的认识，同时还能反映出人们对于美与艺术的体验水平。而那些对美与艺术一窍不通或知之甚少的人，就很难鉴赏出色的、优秀的艺术作品。目前，学校教育之中，审美教育工作尚未实现科学、合理的深入。例如，有些学校在为不同年龄层次的学生挑选合适的艺术作品时，没有秉承科学化、合理化的原则。为此，教师应积极发挥其在优秀艺术品的审美教育中的示范和引领作用，对学生的审美鉴赏能力进行不断加强与优化，促进学生综合素质的提高和不断进步。

二、高校学生审美人格的培养

（一）审美人格的内涵

1. 人格

（1）人格的定义

人格一词来源于拉丁文“persona”，它最初的意思是“面具”。将“面具”定义为“人格”，具体包括两个方面的意思：一是面具所表现出来的虚假行为和虚假的状态；二是面具之下隐藏着的不外露的个人特质。但是，在中国古代汉语的词汇表中，有“人性”“品行”“品性”“品格”，却无“人格”一词。因而，一些学者提出“人格”一词是从日文引进来的，其起源是英文中的“personality”一词的意译。另一些学者则把“人格”作为“人”和“格”的复合词，认为它并非外来词，而是汉语中的一个词语，它的含义有三个层面的意思：其一，指一个人综合的性格、气质等特点；其二，对个人品格与道德品质的具体描述；其三，作为主体的人的权利与责任。

（2）人格的特征

①人格的重要基础是气质，具体体现了人格生物遗传特征。在西方，气质是一个非常重要的研究课题和领域。从心理学的角度来看，作为人心理特征的外在表现，气质具体指的是一个人在语言、情感、认识、行动中所体现出来的心理活动的速度、强度、灵活性、指向性等，即一个人的情感体验是强还是弱、快还是慢，是迟钝还是灵敏，是明显还是含蓄等。每个人都有自己独特的气质，这种气质是与生俱来的，受个人神经活动特点的影响。具体而言，气质就是在生物遗传的背景下，所反映出来的人格倾向和特性，它在人格构成中属于情绪方面，对人格的发展有着基础性的影响和作用。值得一提的是，就气质本身来说，其并没有优劣之分，也不会对一个人的社会倾向性有着决定性的作用和影响，同时，在社会的道德评价方面也不具备指向性。也就是说，一个人成长为何种人，并不会取决于其所具备的气质类型。人格与气质是不同的，在人格发展的过程中，气质是先天基础，主要反映了人格在生物学中的特点，在形成人格的过程中，不管是气质还是体质都属于先天条件，对人格的构成不会造成决定性的影响，相反，文化教育、社会环境以及一个人具体的社会化过程才会对人格的构成起到决定性的影响和作用。

②人格的独特性方面指的就是个性，个性具体呈现出了个体中的人格差异的组成部分。人格是一种相对稳定的、有别于其他个体的、对个体的外显行为和内隐行为模式有着深刻影响的心理特征的总和。个性更注重个人的独特之处，而这种独特之处又决定了个体在行为和思想上的不同之处。人格是一种整合模式，是个体心理行为模式的总体状态。它强调的是个性与共性的统一，强调确定性与可

塑性的统一，它不仅包含了独特的一面，而且更多的是站在个体社会性的立场上，来对其进行界定。二者并不是一模一样的，而是密不可分的、相互交织的，并且对个体的行为模式产生了共同影响。

2. 审美人格

(1) 审美人格的含义

人格在美学意义上主要是审美人格，如果仅仅从字面意思对审美人格进行理解是非常困难的，鉴于此，我们可以从中西哲学的角度入手，对审美人格的含义进行研究。

①对美好人生境界的追求。对于艺术美的最高品格，王国维曾经使用“境界”来进行说明，并且也使用“境界”来对人的精神境界进行表述。在王国维看来，人生的境界有两种——诗人境界和常人境界。自此，境界就成为人生修养的最高层次的代名词。但是，在人生修养层级运用“境界”这一概念，并且有着广泛而深刻的影响的人非冯友兰莫属。冯友兰先生将人生修养的程度划分为四种境界——自然、功利、道德和天地，这使得“境界”这个词不管在内涵上还是在外延上都有了非常大的拓展与丰富。“境界”由文学的范畴与领域转向生活的范畴与领域，由对客体的认识转向主体对生命活动的一种真、善、美的体验状态。

人生境界是审美人格的重要派生物，是人们在现实世界中对未来世界的一种创造和憧憬，是景与情、心与境的有机统一。塑造审美人格境界，是通往社会共同理想的一条路，任何一个人，若能进入一个全新的精神世界，就可能成为一个贤者、君子、圣者、圣人，社会就会在个人不断修炼和完善的精神世界中走向大同，从而使“人”和“天”达到一种和谐统一。在这种情境中表现的有机统一，呈现在接受效果上为无限和有限的统一。景和物是有限的，思、情、韵味、想象是无限的。蕴含着无限魅力的意蕴在这种无限的情感和想象中产生了，因此它比日常生活中的普通型审美以及感官型审美更有内涵，让人回味无穷，更具审美价值。孟子提出的“万物皆备于我”、宋明哲学所推崇的“天地万物一体”、朱光潜主张的主客统一等，都是在摆脱束缚与羁绊，通过人和天地万物同体等途径，达到人性的自由和解放。

②审美体验。在审美体验方面，有人称其为“想象”，有的人把它称为“灵感”“直觉”。席勒（Schiller）指出，古代希腊人有着完善的性格，是一种感性与

理性的完美统一，是一种有着审美人格的人，但现代人是一种孤立的个体，被束缚在整体中的一个个零散的碎片之中，要想使人的完整得到恢复，就必须具有使人完整的天性，主要通过一种更高的艺术——审美体验来实现。马斯洛（Maslow）是著名的人本主义心理学家，他在此基础上提出了新的研究路径，提出了“高峰体验”。在马斯洛的观点中，高峰体验有着不同的表现，有时候是在一瞬间产生的可以压倒一切的敬畏；有时候是飞驰而过的巨大喜悦与幸福；有时候是令人着迷的、梦幻般的、令人陶醉的快乐。高峰体验一般会使人顿悟，让人们在体验中感受到生命的真谛，看透万事万物的本质。

具备审美人格的人可以实现高峰体验，高峰体验是自我实现者的重要特征之一，这也是马斯洛对高峰体验进行深入和长期研究的主要原因。再者，如果要培养人的审美人格，可以说高峰体验是一种可以唤起人的情感生成的一种重要方式和途径，换句话说，高峰体验是对自我实现的短暂完成。在这个时刻，人们会体验到喜悦与快乐。但是，我们必须正视这个事实，人类是天生追求进步的，我们必须正视自己，正视那个真正的“我”。一个人能成为什么、必须成为什么是人们不得不遵循的本性。高峰体验只是人们短暂的自我实现，我们所要做的，就是享受这个过程，从而不断进取，不断超越自我。

③美善统一。从古代到现代，无论在中国或西方，都对美与善的关系这个美学的核心问题进行了大量的探讨。朱光潜在《西方美学史（上卷）》中提出，苏格拉底是美善统一说的创始人，他主张凡是善的东西一定是美的，而恶的东西也必然是丑的[①]。在美与善的研究中，以老庄为代表的先秦道家也下了很多功夫。老庄站在自然主义的美学立场上，深入研究和阐释了人格美、艺术美、自然美、社会美，在对美的追求中，也自然而然地体现和渗透着善的目的。

陈望衡在其《审美伦理学引论》中，将中西方哲学的发展历程与现代社会的发展历程相联系，并在此基础上，重点探讨了以崇善为宗旨的伦理与审美在历史上的亲缘性、活动方式与内涵上的差异性与统一性，并在此基础上，对“美学是未来的伦理学”进行了大胆的论证，探讨了建立“审美伦理学”这一学科的可能性[②]。李咏吟在其《审美与道德的本源》中，对美学的本源、道德的本源进行了探

---

① 朱光潜. 西方美学史（上卷）[M]. 北京：商务印书馆，2010.

② 陈望衡. 审美伦理学引论[M]. 武汉：武汉大学出版社，2007.

索，并揭示了道德、审美二者的本源关系，从而提出了一种“审美道德和谐论”的观点，为构建一个和谐、自由的现代社会奠定了一定的理论基础和思想依据①。尽管古今中外的学者对美和善的理解各有差异，但是他们大都强调美和善在根本上具有一致性。

（2）审美人格的特点

第一，和谐性。和谐指的是事物内部各要素之间，既存在着一定的矛盾、差异，但又呈现出协调共生、有序发展的一种状态，它们共同推动事物不断发展。事物的属性、性质、内涵等方面的和谐性主要表现在：在理想状态下的事物发展的协调，在事物中各个矛盾要素之间是一种协调、和谐、共生的状态，都遵循着一定的客观规律。具备和谐人格的人是情感与理性的统一，是集理智与激情于一体的完整的人。在这样的人身上，蕴含着冲动的情感，又蕴含着理智的引导；在这样的人身上，不仅具有一种富有诗情画意的生机，还饱含着一种睿智的光芒。人格的最高状态是审美人格，主要通过人的本真状态进行呈现，这与当前要构建和谐社会的含义有异曲同工之妙，社会和谐的前提和基础是人性的和谐，在社会中，如果人人都追求真善美，那么和谐社会的构建就会水到渠成。

在审美人格中，和谐具有非常重要的地位和作用，是审美人格的重要特征。各个人格要素处于和谐的审美人格中需要彼此相互协调，理性不会对非理性因素的发展产生影响，反之，非理性因素对理性的智识发展起到重要的推动作用。因为有序的非理性因素，会对理性延伸出创造性和想象力起到积极促进作用。总而言之，敏锐感觉、睿智理性、丰富情感等因素是和谐性审美人格的重要组成部分。具有这样一种审美人格的人，对自己的情感、理性都有较强的控制力。当然，因为人的本性，情感冲动也会在和谐性的审美人格中存在，但是在适当的时候，人们会用理智来进行引导。

第二，独特性。审美人格的独特性主要是指个体与其他个体不同的个性特征。审美人格并不是一个固定的模式，而是多元的，具有差异性的，这是人类社会中的宝贵财富。人的全面发展的过程，就是人类自我解放的过程，同时也是个性解放的过程，人的发展和社会的发展之间的关系是相互作用、相互影响、相互联系的，立足于这个层面，我们可以认为人的个性发展也就是社会的发展。独特性的

① 李咏吟．审美与道德的本源 [M]．上海：上海人民出版社，2006．

审美人格就是指一个人所特有的、不同于其他人的精神特质。审美人格不管是在宏观上，还是在微观上都具备感性、非理性、理性这三种要素，只是每一种要素的排列组合和份量不同而已。有一点可以确定，审美人格独特性的重要表征之一就是不可复制性，但是我们也应该明确，审美人格的独特性并非等于对共性的否认和排斥，这只是建立在对共性认同的基础上，对个性特色进行强调。也就是说，审美人格是一种独特的人格，它建立在共性的基础上，又必然会产生个体的差异。由于差异是人类珍贵的资产，个体只有在表现出自己的个性时，才能显示出自己是独立的存在，展现出别人无法取代的独立价值，社会也因此变得有意义。上述和谐性与独特性相对，二者是相互补充、相辅相成的，审美人格的和谐性是人类自然天性的共性规范，审美人格的独特性是个体个性的独特表现。

第三，创造性。人的本质的最高体现是创造性，这也是人的最高力量。在审美活动中，核心精髓是创造性，不管是创作美还是欣赏美，都需要进行创造。在审美人格的众多特点中，创造性处于核心地位，其外在表征为：展现出对客观事物的广泛兴趣，具有良好的语言组织能力、良好的口头表达能力，有着非常敏捷的反应能力，有着缜密的逻辑思维，有强烈的幽默感、良好的记忆力，能高效率地工作，有独立的思考能力，不盲目地服从，能够独立完成工作，信心十足，对宏观的抽象问题有浓厚的兴趣并善于钻研，善于交际，有很大的抱负，性格直爽。

生命在于创造，而创造并不仅限于艺术创作领域、科技发明领域，它还可以体现在日常生活中，体现在平凡的事情中。一个人的创造力可以在任何时候、任何地方显示出来，一个人会按照自己性格本质中的某种态度和精神去做任何事情，甚至也可以像孩子一样富有创造性地观察这个世界。对于拥有审美人格的人来说，会在创造中对自己的价值进行追求，并且一直保持着自己在前进道路上的一种状态，不墨守成规，敢于打破常规和传统，追求卓越，实现个体有限的生命创造出无限的价值。

第四，超越性。审美人格的超越性指的是具备这种人格特征的人有超越一般意义的人与对象的价值关系的能力。审美人格的超越性，能让人摆脱物欲、利欲的束缚，对自己的利益不作过多的追求，对人世的荣辱可以看淡。所谓的超越性，就是不会被功劳和利害蒙蔽双眼，在诱惑面前能够坚守自己的底线，不向利益低头。审美人格的超越性并非是让人脱离社会这个群体，进入“桃花源”般的人生。

审美人格的超越性主要强调在人生追求上可以超越功利性，有着富有情趣的生活方式，在生活态度上乐观和豁达。换言之，不唯利是图并非是没有物质和利益的需求，而是对自己的情绪可以进行调控，在追求物质利益的同时也在追求精神价值。

塑造和谐性、独特性、自由性、创造性、超越性等审美人格的特性的最终目的在于对理想人格或者完美人格的追求。完美的人应当是一个自由的人，只有在自由的前提下，人才能追求自我，才能用美的眼光去看身边的一切。总而言之，“只有当人是完全意义上的人，他才游戏，只有当人游戏时，他才完全是人”[①]。一个人游戏的时候，是自身美最为真实的体现，它是一个人内心的自我展现，更是一个人人格的最高追求——审美人格。

（二）大学生审美人格的培养

1. 大学生审美人格培养的原则

（1）愉悦性原则

审美教育属于快乐教育，就如同孔子所说的“知之者不如好之者，好之者不如乐之者”。在情绪高涨的时候，人们最容易接受知识。审美教育的愉悦性原则，一方面可以给人们带来益处与乐趣，另一方面也会给人们一些启示。一般来说，美会给人们带来感官上的愉快体验，并且使人们的生活情趣得到提升。审美愉悦的来源会受到审美对象的好坏的影响，也取决于他人对自己的肯定与赏识。所以，当受教育者怀着愉悦的心境，在美的熏陶下，参与审美，接受审美教育，就是审美教育的最好体现。审美人格教育的愉悦性主要是在教育过程中对于受教育者的吸引力进行强调，让受教育者保持较为浓厚的兴趣，这种趣味性主要得益于对个性差异的尊重。在进行审美教育的过程中，要以教育的目的、受教育者的审美素质为依据，采用一种适合的方式来进行，并将学生的生理愉悦转化为具有理性的崇高情操。进行审美教育的主要目的在于让受教育者在教育的过程中获得美的享受，让心灵得到净化，让思想得到启发，对人性中的真善美进行弘扬和彰显。

（2）形象性原则

审美人格的形成不是一朝一夕就能完成的，它是一个逐步发展的过程，是一

---

① 席勒．席勒文集[M]．北京：人民文学出版社，2005．

个伴随人终生的过程，是一个漫长的培育过程。审美人格教育的形象性在培育过程中可以保证审美人格在相对短的时间之内养成。审美人格教育作为教育的重要内容，其应该借助各种形式贯穿学校教育的全过程中。在整个教育过程中，不管是教育还是教学，不管是校园的布局还是教育环境的布置，不管是管理还是后勤，不管是教室内的教育活动还是教室外的教育活动，在教育中的每一个细节，都应该充满审美。之所以开展包含审美设计的教育，主要是为了实现教育目标、目的以及更好地开展教育教学活动，实现大学生人格的全面发展与健康发展，积极对学生各个方面的潜能进行积极开发。在教育活动中，一方面要保证学生可以获得知识和技能，促进智力和体力的发展，提高审美情趣，培养健康的、全面的人格修养。所以，在进行审美人格教育的过程中，我们不应该急于一时，而应该坚持形象性原则。

（3）创造性原则

创造性不仅是人所具有的独特特征，同时也是审美人格的基本特征。对于一个有审美人格的人而言，生命是一个不断开拓、不断创造、不断升华的过程。所以，在审美人格教育过程中，我们必须重视对学生的创造能力的培养。

审美是一种个人化的行为，会因人而异，因为每个人所处的环境不同，接收不同的信息，这就使得审美在不同的人之间会存在很大的差异。不同的审美个体，他们的生活环境存在差异，他们在审美需求、审美能力、审美价值方面也存在差异。因此，每个人对美的认知也各有差异，这就是所谓的“各美其美”。所以，在进行审美人格教育的过程中，必须遵守审美人格教育的规律和原则，并坚持创新的原则。所谓的创造性的原则指的是在审美人格教育的过程中，从受教育者的兴趣出发，以受教育者的身心发展程度为基础，积极创新审美教育的方法和内容，促进受教育者的审美人格实现自由的发展和成长。因此，在教学过程中，教师应充分尊重学生的审美情趣和审美倾向，对学生进行恰当的指导与引导，从而有助于学生形成一种完整的人格。创造性的原则不管是从教育学的视角来看，还是从教育教学的角度来说，都有其独特的优势。具体地说，创造性原则在教学中的具体表现就是强调学生的主体性和主体地位，同时，老师也应该认识到学生之间存在差异性，并尊重学生的身体与心理之间的差异，给学生提供所需要的成长空间。针对审美人格的教育教学活动，教师应该立足于受教育者的实际情况以及身心发展阶段的特点，开展具有针对性的教育，因材施教，才能取得最好的教学效果。从总体上讲，创造性原则体现在教育教学过程中，注重受教育者的身体、心理等方面的发展，这符合大学生个性发展的规律。

（4）生动性原则

所谓的生动性原则就是在进行审美人格教育的过程中，要遵循受教育者的认知规律，由浅入深、由低到高、循序渐进，逐步进行教育工作。通常来说，人对事物的认知，都是由表及里，从感性开始再到理性的过程，学习也是如此。遵循生动性原则的审美人格教育，主要按照认识规律，由简到繁、由近及远对教学进行组织和开展。在人生的不同阶段，每个人都受到了自己所处环境的影响，在接受教育的阶段也是如此，每个人的思想、心理以及行为，都要经过一个慢慢成熟的发展过程，在这个过程中，人们在审美观上会呈现出各种各样的差异。对于审美观来说，有低级和高级两个层次，在现代文明中，应该摒弃低级的审美观。鉴于此，在对大学生进行审美人格教育的过程中，应该着重培养受教育者对各种美的要素的欣赏能力，让受教育者具备一定的审美观，在此基础上，对受教育者的艺术创造能力以及审美想象能力进行培养，最终将受教育者培养成具有高尚人格的、完整的、健康的审美人格形态。同时，在不断重复的审美教育过程中，也能体现出生动性原则。重复常常是一个加深认知的过程，一件好的艺术品能让人一遍又一遍地去欣赏、一首好听的歌曲经久不衰、一部经典的文学作品能流芳百世；一处美丽的风景能让人流连忘返，一次又一次地欣赏，每一次都能带给人新的认识和感觉，从而让人获得进步与发展。所以，在进行审美人格教育的过程中，要把生动性原则贯彻到教学中去，用生动的、形象的方式进行审美教育，使美的感觉不断深化，从而达到审美人格的完美塑造和养成。

2．大学生审美人格塑造的影响因素

（1）人格基础

人格的形成与发展并非一朝一夕的，而是一个逐步的、循序渐进的过程。人格的形成与发展之间息息相关，在人格形成的最开始，以及人格后续的发展之间也是相互重合、融合与交叉的。人格发展的最高阶段是审美人格，前一阶段人格发展水平必然会对审美人格这一阶段有深刻的影响。审美人格的发展是一个循序渐进的过程，是以前一阶段人格发展为基础的。“人的生长像时间一样流动，而不是一成不变的静物；人的成长像四季一样变化不断，而不是固定不变的固态体；人的发展好似潜藏能量的星光，而不是一串数字的组成。[①]”罗杰斯（Rogers）是美国的心理学家，他对于人格形成问题的看法与观点，从某种意义上说明了人格发展具有可变性、持续性。总之，审美人格一方面是人格状态的一种，另一方面也是人格养成的一个过程。从发展的角度来看，人格审美化的过程是一个不断成长到成熟的、不断改进和完善的过程，在这个过程中，前一个阶段的基础和发展一定会对后一个阶段的发展与过程产生影响，这对于大学生审美人格的塑造来说无疑具有非常重要的启示和指导意义。

（2）学校教育

在审美人格的形成过程中，教育起着决定性的作用，它可以对人的认知态度、情感体验、思维方式、行为方式等方面产生深刻影响，所以在建构审美人格的过程中，教育起着至关重要的作用。就像阿德勒（Adler 奥地利心理学家）说的："学校是每个儿童在其精神发展过程中所必然要经历的一个场景。因此，它必须能够满足健康的精神成长的要求。只有当学校与健康的精神发展的必要性保持和谐，我们才说这是一个好的学校。只有这样的学校才能被认作是社会生活所必不可少的学校。[②]”阿德勒所说的"好的学校"是我们的教育、大学应该积极追求的，为构建学生的审美人格积极地贡献力量。

从积极、正面的角度来说，教育可以让个体获得知识。英国哲学家培根有一句名言："知识就是力量"。一个人如果有了知识，那么他就可以对客观规律进行认识，从而拥有掌握自己命运的能力。如果再深入分析可以发现，第一，教育具有激发功能。一个人如果对审美人格并没有准确的定义，那么其很可能不具备审美人格的素质。创造性是审美人格的特征之一，学生的创造力会因为教育得到激发和提升。第二，教育具有导向功能。学生处于一种非常自由和宽松的高校学习形式中，在这样环境中，是有利于学生自我学习能力的培养和提高的，对学生形成自由的个性也非常有利，并且还能为审美人格的养成打下坚实的基础。第三，

① 罗杰斯．个人形成论：我的心理治疗观[M]．杨广学，尤娜，潘福勤，译．北京：中国人民大学出版社，2004．

② 阿德勒．理解人性[M]．陈太胜，陈文颖译．北京：国际文化出版公司，2007．

教育具有调节功能，这主要表现为两个方面——约束与调适。在大学中，良好的校风、学风能够起到制约、规范大学生行为的作用，有助于大学生的身体、心理等方面的协调发展，进而对大学生的思维、行为产生积极的影响。在大学中，集体生活也可以帮助学生建立和谐、健康的人际关系，让他们敢于直面生活中的矛盾与挫折，提高与他人的沟通、交往的水平与能力，让他们具备和谐、自信、超越的特质，从而达到审美人格的状态。然而，审美人格的建构并非所有个体都可以通过教育来实现。在实际生活中，高校在对大学生进行审美人格的教育时，仍然存在着许多缺陷和不足，这些缺陷严重地影响了高校对大学生的审美人格的培养。

（3）社会环境

人离不开环境，是环境的产物，鉴于此，形成审美人格也必然会受到后天环境的影响。同样的生活条件下，有些人对新的环境能很快适应，有些人对美的感受却是截然相反。例如，当很多小孩一起听同一个故事时，有着灵活思维的小孩会从这个故事中获得更多的情感、启发、灵感；与此相反，多愁善感的小孩却显示出另外一种不同的理解与感受。不同的孩子对于一样的生活环境有着不同的理解与感受，对于性格比较活泼和外向的孩子来说，对于新的环境和条件很容易适应，也可以与周围的人快速地建立联系。每个人都会在环境中形成审美人格，每个人的审美人格会在客观的环境中表现出主观心理，审美人格发展的重要前提是主观意识的发展。即使是相同年龄的儿童，在同样的条件和环境下长大，他们对于周围环境的认识和感觉，也会有很大的不同。

3. 大学生审美人格培养要点

从大学生的审美人格的培养原则以及影响因素出发，针对大学生的审美人格培养问题，可以从以下两个方面进行，具体如下。

（1）实现外部灌输和激发人的自觉性相结合

在社会学意义上，外在的灌输是一种社会的教化过程，而人的自觉性过程则是一种个体内化过程。审美人格培养如果仅仅依靠外部的灌输是很难达到目的的，因此还需要结合个体的内化。在我国的传统教育中，非常注重对人的自觉性的培养，提倡以“修养”的方式来发展自觉性，树立自觉意识，这些都是很好的做法，值得我们今天学习和借鉴。在当代，“以学生为中心”“以人为本”的思想对促进大学生人格发展具有重要意义，也为大学审美教育提供了良好的环境和条件。

（2）审美教育采取启发诱导式方法

人格的形成应该是一个自然而然的过程。美育教师要注重对学生的引导，逐步引导学生具备健全的人格。教师可以通过启发式美育的方法，让受教育者的探索热情得到激发，让受教育者养成良好的思考习惯，并且在受教育者思考人生以及面对社会问题，处于一种“愤”和“悱”的临界状态的时候，教育者对受教育者进行适时的启发，让受教育者豁然开朗、醍醐灌顶。教师在高校的审美教育中，一般是作为标准而存在，在潜移默化中，教师的一言一行会对学生产生深刻的影响，无形的教育，往往比有形的教育要有效得多，就像一场春雨的滋润，总比一场暴雨的洗礼要更适合万物的生长。

三、高校学生审美心理的培养

（一）大学生审美心理结构

审美心理结构主要指的是在审美主体的内部，反映客观事物的审美特性以及相互联系的一种心理活动结构。审美心理结构与认识结构、伦理结构共同构成了人体的总体心理结构或者说是文化心理结构，审美心理结构沟通与联结审美主客体，是审美关系的桥梁与纽带，它凝结、沉淀、交融于总体心理结构、文化心理结构之中。

第一，审美心理结构是一种网状结构，主要由多因素、多维度组合构成——审美的认识结构、审美的情感结构、审美的意志结构，不仅包含这三种结构之间的相互作用、相互联系、相互渗透的审美心理内容或审美意识内容，并且构成了人具有的特定社会内容的审美意识（审美趣味、审美观念、审美理想等），而且还包括了基本的审美心理形式，如审美直觉活动、情感活动、想象活动、意志活动、理解活动、审美潜意识活动、审美下意识活动等，在这些基本的审美心理形式因素中，它们之间的关系是相互转换、相互交叉、相互交融的。与此同时，以上这些心理内容与形式作为审美心理活动的方式，有着其对应的生理结构系统作为生理机制，并且会随着神经系统、感官系统、大脑皮层、呼吸系统、血液系统、运动系统、消化系统、内分泌系统的综合运动，在生理反应中获得表征，以此审美的生理即心理运动系统得以形成。审美心理活动一方面反射、反映了客体审美特性；另一方面，具有自控、自调的内部调节机制，在运行过程中，积极发挥着定向选择、感知对象、想象创造、情感转移、调节生理运动、调节外部行为的功能和作用，体现了人既是审美的接受主体也是创造主体。由此可知，审美心理结构是一种心理机能、生理机制、心理内容、心理形式、接受机制与创造功能等要素相互作用、相互影响、相互融合的，多维的、有机统一的复合网络。

第二，审美心理结构是一种具有动态性的动力结构。首先，不管是个人的，还是群体的，还是整个人类的，审美心理结构都处于历史的进程与发展中，其变化和发展会受到特定的社会历史条件、特定的机遇、特定的对象和个人实践的影响，恒新恒异，呈现出相对稳定性以及处于不断完善化的进程之中。其次，在面对一个特定的审美对象的时候，每个个体的审美心理活动过程都会经历一个由审美直觉—思维，由接收—创造的过程，审美心理结构在这个复杂的过程中得到重构与重组。立足于审美实践，对于如一首乐曲、一幅画、一部电影等美的对象，人们总是会由审美动机需要转变为积极的审美注意。实际上，日常的生活心理因为审美注意的发生产生中断，继而引发审美感知和审美想象，将审美情感注入其中，作出审美的理解与判断，最后达到一种精神上的愉悦和满足，并且，审美心理结构也因此变得更加丰富、完善、强化，不同的人也会因为这种情况而产生一种习惯性审美心理或审美心理定势，并对特定的审美对象具有一种独特的敏感感觉和直觉把握。

（二）大学生审美心理特征

1. 敏感性

大学生有着活跃和敏捷的思维，他们充满了朝气、热情、激情，他们对新鲜的、美好的事物充满强烈的渴望，这些都使得他们非常容易被美丽的事物所吸引、所打动，他们的审美心理具有非常强烈的敏感性。其敏感度的提升主要取决于认知能力的提高、不断提高的文化素养以及不断增强的自我意识。

大学生随着教育培训的开展，尤其是专业课程的学习，大脑皮质的细胞活性得到了极大的提高，细胞活动的数量会飞快增加，大脑皮层的发展有了一个质的飞跃。

具体来说，因为大学生有着高度灵敏的视觉、听觉，这使他们能够迅速地从司空见惯的事物中把握美的客体。大学生对外界的感觉刺激，往往能很快作出反应。在他们眼中，任何平常的自然景色都充满着生机和美感，使他们心旷神怡。大地从冬眠中苏醒，江河解冻、河水流动、草木凋零、候鸟迁徙、秋雨连绵，这些景象都会引发他们对美好生活的遐想。一段优美的旋律、一行充满哲理的诗句、一朵墙角的小花，都会引起他们的感知注意，甚至激起久久不能平息的审美愉悦。由于认知能力的提高，他们往往愿意透过客观事物的外在形式而领悟它们内含的生命意义，这种探索进一步增强了他们审美的敏感性。

大学生都有较高的文化艺术修养。他们的审美视野开阔，在古今中外的优秀文化艺术作品中吸收了较多的审美经验，培养了比一般青年更多的艺术感觉，因此他们的艺术感觉比较灵敏，审美理解也比较深刻。在审美过程中，他们往往能从客观世界中发现被其他人所忽略的对象，或在对象中发现不易被人注意的某些美的特征。一片黄叶翩然落地，一些人也许根本引不起注意，但是对读过泰戈尔的诗句“生如夏花之烂漫，死如秋叶之静美”的大学生来说，那一片黄叶是一个生命体，他们可以从秋叶的飘落联想到人生的意义。

随着文化修养的提高，大学生的自我意识日益增强。兴趣、能力、性格情感、意志道德和行为都在自我意识觉醒的基础上趋向成熟。

2．浪漫性

大学生审美心理的浪漫性主要取决于大学生不断提高的文化素养、对未来的美好憧憬以及丰富的想象力。文化修养的提高培养了大学生的浪漫情怀。

文化修养对审美活动的影响是显而易见的。审美主体在审美活动中，无时无刻不在将自己脑海中已经存储的审美经验进行调动，传递给审美对象，主要是通过情感记忆的信息系统，进而将审美对象自身所蕴含的美的本质进行挖掘。审美感受的强弱取决于头脑中所储存的审美经验的多与少。《列子・汤问》里记载，伯牙善鼓琴，钟子期善听琴。当伯牙鼓琴，志在高山时，钟子期说：“善哉，峨峨兮若泰山！”伯牙志在流水，钟子期又说：“善哉，洋洋兮若河水！[①]”钟子期正是调动了他储存在脑海里关于音乐的审美经验，并通过情绪传递给伯牙，从而通过想象创造出了“峨峨兮若泰山”“洋洋兮若河水”这样的新形象。如果没有音乐

① 列御寇．列子[M]．卢重元校注．北京：中国书店出版社，2019．

审美经验，他是听不出这样美好的韵味的。

大学生正处在学习阶段，大学有藏书丰富的图书馆，有得天独厚的美育设施，课余生活丰富多彩，文艺活动层出不穷。大学生通过这些活动可以实现对美的探索，也能实现对美的创造的渴望，满足追求美的欲望，又能开阔自己的心灵，丰富自己的审美体验。与此同时，由于他们博览群书，对绘画、音乐、舞蹈、文学、戏剧有着丰富的认识，并将前人的许多审美经验存储在他们的脑海中。他们在面对审美对象的时候，自然而然地将这种体验与丰富的想象力结合起来，产生很多新的浪漫形象。

青年时期对未来的憧憬，也使大学生的审美意识充满浪漫性。大学生正处在走向人生的准备阶段。因为他们的人生还是一个未知数，所以他们在心里对未来画出过无数幅美好的蓝图。他们追求纯洁的爱情、忠贞的友谊、崇高的事业、无悔的人生。于是他们能在一切进入他们视线的事物中找到这种追求的参照物。读《红楼梦》他们会唏嘘泪下，是因为被宝黛的纯洁爱情所感动，潜意识中他们希望自己能够得到如此高雅的爱情；观壶口瀑布他们会激动万分，因为在瀑布咆哮而下的急流中他们想到了人生力量的喷发过程；站在长城的烽火台上，他们思绪万千，感到人生的短暂和责任的重大，会产生大千世界“舍我其谁”的雄心。这种对未来美好生活的热切追求与向往，必然使他们充满幻想与想象。

大学生正处于人生“多梦”的年纪，正是想象力最丰富的时候。想象是一种思想活动，是一种自由而又具有自主性的活动。在想象的作用下，主体能够根据自己的意愿，积极地、自由地、主动地建构客体，创造形象。有的成年人因为人生的挫败感，往往会主动放弃很多不可能实现的梦想。并非是成年人不知道怎么样才能更美好，而是感觉既然实现不了，不如不去想，长此以往，这种拥有梦想的能力就消退了。他们把更多的精力投入“现实生活”中去，而青年人则不然，随着文化素质的提高、历史意识的养成、审美意识的提高，以及拥有更多的自由时间，他们的审美活动已经不仅满足于眼前的审美对象了，而开始向一种对艺术的强烈渴望转变。基于审美意识的艺术化倾向转变，使得大学生的审美活动更具开放性和浪漫色彩。

3. 强烈性

青年时期的心理和生理特征决定了大学生的审美感受具有强烈性。对于外界的刺激，青年人会非常敏感，可以作出非常迅速的情绪反应，但因为他们的自我调节和自控能力比较弱，常常会出现大喜大悲的强烈情绪。在心理学家看来，外界刺激是一种力量，能引起人的感官活动，当一个新的刺激出现时，其感官反应就会变得更强烈。大学是一个人一生中最有活力的生命阶段。对于刚步入社会的大学生来说，他们开始接触社会、环境、人际关系、爱情等问题，在这个过程中，生活中出现的新问题必然会引发他们的情感反应。只要有一点点胜利，他们就会兴奋得浑身颤抖；只要有一点点挫折，他们就会痛苦不堪。有时，他们会因为自己是上天的宠儿而骄傲；有时，他们也会因为自己的挫败而垂头丧气。情感表达的强烈性是青年心理的突出表现。

大学是一个人生命中最有活力、精力最为旺盛的阶段。大学生的各项感官功能均高于成人，在这个阶段，大学生的知觉能力和认知能力获得了快速发展。处于精力旺盛阶段的大学生，活动能力得到增强，活动的范围也不断扩大，这就使得他们具备了非常强烈的好奇心，去探索世界。他们对任何新鲜的、奇异的、不断变化的东西都感兴趣。这个时候，他们最无法接受的就是“平凡”二字。他们喜欢奇形怪状、色彩怪异的艺术品，喜欢节奏强烈的乐曲，喜欢阅读令人毛骨悚然的小说，喜欢观看令人毛骨悚然的电影。紧张刺激的场景、危急的瞬间，常常会触动大学生的内心，让他们的大脑保持亢奋。

4. 独特性

大学生审美所具有的独特性，源于他们自我意识的增强、勇于探索的精神和丰富的想象力。走出家门步入大学校园的大学生，一般都会产生一种很强的“成人感”。他们有更多的自知之明、强烈的自尊、不断提高的独立思维能力，想要更多地了解身边的事物，并且有自己的想法。他们好争论，好猜疑，不轻易相信别人，也不愿意盲目服从别人，思想上更具批判性。他们愿意大胆地表达他们的观点、看法，不愿意寻找已有的答案和解决办法。

当自己的一些想法得到周围人的支持、赏识时，他们就会信心百倍地去将自己的想法付诸实践。大学生这种思维的独立性，表现在审美活动中，就是他们审美的独特性。在社会中我们可以看到，一种新的艺术形式，往往是青年人最先接受它。当一种新潮的衣服款式流行时，总是最先穿在青年人的身上。一种新的艺术样式的出现和发展，总与青年人的喜爱有很大的关系。

这种独特性很多时候表现在他们的冒险精神方面。许多前人未曾发现的审美客体都是青年人在这种“突发奇想”的冒险中发现的。在西班牙的拉斯柯斯附近有一个30年前因大树被风连根拔起而留下的洞穴，几个青年决心到洞穴去探险。于是他们结伴而行，进入洞穴。当他们穿越这个地下洞穴时，却像是发现传说中的宝库一样，发现了洞穴中绚丽的绘画。洞穴的墙壁上分散地画着许多非人非兽的形象，散发着远古的气息。于是，一个使人类的艺术史提前了几万年的发现产生了。这一美的发现，得益于几个青年的勇敢探索。这里当然有偶然性，但其中也包含着必然。如果没有这些探索活动，这些美是永远不会被发现的。

这种独特性也表现在大学生大胆的想象方面。青年时期往往是自信心最强、想象力最丰富的时期，丰富的想象力是审美活动中最能动的力量。著名诗人郭沫若正是由于青年时期独特的审美感受，写出了《女神》，从而为我国新诗发展奠定了基础。当时的诗人被革命热情激发着，于是他用“我是一条天狗呀！我把月来吞了，我把日来吞了，我把一切的星球来吞了”这样奇特的想象抒发他的激情。他又把自己想象成为一块炉中熊熊燃烧的煤，把祖国比作年轻的女郎，表达了他炽热的爱国情怀：“啊，我年轻的女郎！我不辜负你的殷勤，你也不要辜负了我的思量，我为我心爱的人儿燃到了这般模样！”正是由于他这种奇特而大胆的想象，使他有了与别人不同的审美感受，创造出了不朽的艺术珍品。

当我们了解了大学生审美心理的特殊性之后，我们就应该自觉地扬长避短，去培养他们灵敏的审美感知能力，训练他们感受美的眼睛和欣赏音乐的耳朵，促使他们积累审美经验，提高审美趣味，进而使他们成为一个“审美的人”。

（三）大学生审美心理的培养路径

1. 提高教育者的审美心理培育能力

高校教育者是否具备较高的审美心理培育能力和水平，直接而有效地影响着大学生的审美心理发展水平。优秀的教育工作者，可以使大学生的审美心理一直朝着积极、健康的方向发展，也可以为大学生指明道路，少走一些弯路。因此，加强教育工作者的审美心理培育的能力和水平，完善评价考核体系、机制，是培育大学生审美心理的关键。

（1）积极提高教育者的审美心理培育能力

在高校中，教师是进行各种教育活动的一个重要组成部分与主体，高校的教师一方面是教育教学的主体，另一方面是教育教学活动的主要实施者，鉴于此，教师自身所具备的审美素养以及审美心理培育能力的水平会直接影响高校大学生的审美心理培育效果。由此可见，大学生审美心理培育的关键在于加强对教育者的审美心理培育的能力培养，高校教师只有具备较高水平的审美心理培育能力、具备较高的审美素养才能对学生进行指导，起到引导作用。大学生审美心理培育工作的实施直接受到高校教育工作者的审美心理培育能力的水平影响，如果教育工作者自身缺乏审美心理知识、缺乏审美意识、缺乏审美能力，又怎么可能发现美、传播美。因此，培养高校教育者的审美心理的培育能力就显得非常重要。高校应该积极开展针对教育者的审美培育能力的培训活动，积极促进高校教师的理论水平的提升，加强审美心理知识的积累和体系的建立，对审美意识进行强化，只有对大学生的审美心理的培育高度重视才能保证审美心理培育工作的有效和顺利实施，才能保证实施审美心理培育的教育者能够用一种审美的态度，将他们所掌握的审美知识、审美技能传授给学生，进而促进大学生审美心理的培养和发展。

（2）建立健全有关教育者审美心理培育能力的考核机制

学校如果没有建立一个完善的考核评价机制，就不能对教师的审美心理培养能力进行评价、考核，并对其进行监督，从而极大地影响了审美心理培育教育工作者的积极性；如果没有一个完善的、健全的考核机制，那么评价就没有依据和根基，就很容易导致无法对教育者的培育能力进行详细的了解。因此会导致教师对于审美心理培育工作不够重视，在进行大学生的审美心理培育工作的时候也非常容易出现马虎、“走形式”的现象，对大学生审美心理培育工作的实施和成效有着深刻的影响。所以，针对这样的情况，高校应该建立一个完善的考核机制，来评价、考核、监督教育者的审美心理培育能力，并强化对教师的评价，同时，老师也应该通过自我学习与提高，积极提升自我在审美心理培育方面的理论水平和实践能力。鉴于此，高校应该积极落实和严格把关针对教育者审美心理培育能力的考核，在各个环节上都应该保持科学和严谨的态度和作风，只有这样，才能有效地提升审美心理培育教育者的理论水平和施教能力。

2. 督促受教育者审美心理的自我培育

在审美心理培育过程中，教师可以发挥承上启下的桥梁作用，但仅仅是这些还远远不够。在审美心理培育中，大学生作为受教育者，其自身的培育也至关重要。当前，因为受教育者长期忽视了自身审美心理的发展，导致有着非常突出的问题。所以，要促使受教育者进行审美心理的自我培育，从而使得受教育者的审美境界得到提高、审美素质得到加强，这对于推动大学生的审美心理培育工作是非常有帮助的。

（1）精神境界的提升

大学教育对学生的培育目标和要求，既要使得学生具备相应的专业知识和技能，又要让学生拥有健康的个性与人格，获得健康、全面、和谐的发展，这也是大学生审美心理培育的重要出发点。大学生要有理想信念，要有一定的精神境界，要有良好的修养和素养，具备一定的审美境界。大学阶段是大学生心理成长的重要时期，在这个时代，他们肩负着重要的任务，这就要求他们学会如何在社会中生存下去，不畏惧困难，敢于拼搏，以适应时代的发展需要。当代大学生在成长过程中，面临着迷茫与困惑，面临着善、恶、美、丑的抉择，只有具备一定高度的精神境界才可以让他们在面临选择时，保持清醒的头脑，让自己不再迷茫，找到前进的方向。

我国有着悠久的历史，拥有五千多年的文明史，在漫长的历史过程中，我们拥有非常多的精神财富。对于中华民族的优秀传统文化和传统美德，大学生应该继承和发扬，在对传统文化的学习中，大学生自身的精神境界可以得到提升，不断提升自身的内涵与修养。从理论上讲，对大学生来说，学习古典文学不失为一种好的提高审美素质的途径。传统经典与美育有着密不可分的联系，在阅读古典文学的过程中，大学生既能获取知识，又能获得美的享受；不仅如此，也能提升自己的审美趣味，让自己进入一个全新的精神境界，自觉地、有意识地去体会、体验它所蕴含的人格精神，在此基础上提高自身的审美修养。通过对某些文人政治家的爱国主义精神的研究学习，能够让大学生产生审美共鸣，以此为突破口，帮助大学生不断提高、完善自我，培养大学生的百折不挠、不怕吃苦的精神，能够用更高的精神境界来审视自己与他人关系中的美，审视社会和自然之间关系中的美，进而构建出一个完整的、健康的审美心理。

（2）思想道德素质的提高

当前的大学生处于一个从身体到精神都在成长过渡的时期，他们的心智还没有完全成熟，他们的思维也还没有完全稳定，他们很容易被外界的因素所影响。

在这样一个特殊的成长时期下，大学生很难把握好审美尺度，因此提高自己的思想道德素质，把握好审美尺度，对于高校学生来说具有十分重要的意义。大学生一旦在思想道德素质中出现了偏差，就很容易在审美的过程中产生审美心理的扭曲和倾斜。要用真、美、善的和谐统一作为标杆来衡量大学生的审美心理的培养。大学生要实现这个标准应具有高尚的思想道德素养，知行合一，严格要求自己，通过自身的行为来感知美和传播美。思想道德素质包括道德观、世界观、人生观、价值观等许多方面，这就对大学生提出了更高的要求，大学生应该立足多方面对自我进行提高和锻炼。

大学生应当认识到，崇高的思想道德素质也是美的一种，每个人既是美的创造者，同时也是美的传播者，审美并不仅限于视觉上的外在美，还有来自心灵深处的内在美。实际上，通过思想道德品质能反映出一个人的审美能力和境界。人在进行审美的时候，会受到审美心理作用的影响，对于美与丑的辨别也会在自身的道德标准框架下去评判。要想牢固地掌握正确的审美标准与审美尺度，大学生就必须努力做一个有高尚情操、有理想、有道德的人，同时要不断地提升自己的内在素质，要善于妥善处理与周围的人、物、事的关系，对于审美活动要积极地参加，要在生活中、学习中主动地发现美、传播美。

（3）人文素养的提升

大学生审美心理主要是指，作为审美主体的大学生在审美实践中，在面对审美对象（审美客体）的时候，通过想象、感知、情感、理解等要素之间的相互作用与影响，在审美体验中获得美的一个过程。据此，大学生作为审美主体，在审美过程中，自身的文化素养有着至关重要的作用，大学生所具备的审美观和审美能力与大学生的人文素养的高低密切相关。作为一种综合能力，审美能力是个人文化素养的综合反映。

人类社会传承下来的人文知识是一种文化精髓，也是一笔珍贵的财富，它重视人的道德、精神，重视对善与美的认识与理解，引领人们追求真、善、美，人文知识具有无可替代的陶冶人、教育人的作用。大学生要想具备较高的审美能力、具备完善的审美心理就需要具备一定的知识储备，拥有一定的生活经历，以及具有较高的人文素养，并且需要具备一定的实践能力。大学生只有具备深厚的文化底蕴、拥有一定的知识储备才能让自身的思维更加活跃，有更加开放的思想和广阔的视野，才能在审美的过程中，对自身的想象力和感知力进行充分的发挥，在审美过程中获得美的体验。

进入大学，大学生首先要做的事情就是学习科学文化知识，掌握一技之长，唯有通过不断的学习，才能完善自己的心智，充实大脑，在用知识来武装自己的同时，也能拓宽自己的眼界，解放思想，拥有更加活跃的思维，提高自身对于美的本质、真谛的理解能力以及对于美的感受能力。大学生自身有很多种途径可以获得审美知识，他们可以利用学校开设的美育课程进行知识的获取，可以通过参加各种文体活动、知识讲座等获得知识，从而实现德智体美劳全面的发展。与此同时，高校应该优化课程设置，实现在人文社会科学方面对学生进行教育，如文学、传统文化、政治、历史、艺术等方面。人文素养对大学生的思想发展有重要影响，因此在进行其他学科的教育教学时，应当将其贯穿并渗透其中，使大学生能够“文武兼备”，进而提高他们的人文素养。

3. 整合大学生审美心理的培育内容

科学整合与审美心理培育有关的内容，对审美心理培育的综合实力的提高具有积极的作用。对已有的审美心理培育内容进行系统梳理，将有关审美心理培育的最新研究成果引入其中，从而为当代大学生的审美心理培育注入新的血液。

（1）对已有的审美心理培育内容进行系统梳理

针对高校学生的审美心理培育内容较为零散，应对其进行适当的、科学的整理，使之有条理。这样，一是有利于开展和落实大学生审美心理培育工作；二是有利于教师进行教学活动，提高教师的审美心理培育的能力；三是利于对学生进行审美心理培育，使其内容具有科学性、系统性。

第一，对已有的审美心理培育内容进行分类、整理，实现对审美心理培育课程的系统编排与科学设置。对当前已有的审美心理培育内容进行明确，只有明确之后才能对大学生的审美心理培育有一个方向，也就能逐步地充实起审美心理培育的内容，完善培育体系，避免其单调乏味。

第二，理顺了已有的审美心理培育内容的脉络和条理，这样，教师在教学的时候，就可以有针对性地进行培育工作，并且老师可以根据学生的不同年龄、不同年级，有选择地讲授审美心理培育的内容，有针对性地提高学生的审美心理。

第三，整理、梳理已有的审美心理培育内容的同时，尽可能地保留其中的精华，摒弃其中的糟粕。在当今迅速发展的社会中，有关审美心理培育的内容必须与时俱进，不断地淘汰过时的东西，只有这样才能更好地对大学生保持吸引力。审美心理培育内容在去伪存真的过程中，应逐步向科学的方向转变，使之适应大学生的审美心理的培育工作。

（2）引入最新的审美心理培育的研究成果

在美学教育中，要注意并充分吸收美学研究领域的新进展和最新成果，在教学中不断地更新、充实教学内容。作为审美教育的一部分，审美心理培育的最新研究成果更是要引起人们的高度重视，所以有关审美心理的培育内容要始终符合大学生的审美需求，唯有如此，才能让大学生的审美心理培育工作紧跟时代发展的潮流，让大学生对发展审美心理抱有极大的兴趣，进而建立起对审美心理的自我培育意识。

在学校层面上，关于审美心理培育的最新研究成果，高校应该重视和积极引入，把这些成果科学整理成针对教师提高审美心理培育能力的培训内容，让教师能够及时了解到审美心理培育的最前沿知识和理论成果。在教师层面上，教师应该将自己所掌握的最新的研究成果，归纳、总结并教授给学生，让学生能够不断地、及时地、与时俱进地充实自己的审美心理知识。

第四章　高校美育课程的建设

本章主要讲述高校美育课程的建设，从四个方面展开叙述，分别是高校美育课程原则、高校美育课程内容与教学方法、构建高校美育课程的框架以及构建校本美育课程。

第一节　高校美育课程原则

高校公共美育课属于审美教育课程中的一门，从内容选择和组织上理应遵循审美教育课程的原则。第一，要根据公共审美教育课的教学目标进行选择；第二，在选择课程内容时，要以美学理论为基础，并以其作为高校公共美育课的基本内容；第三，课程内容教学的组织形式采用理论教育与实践教育结合的方式；第四，将艺术作为高校美育课程的主要对象，同时它也是审美教育的主体；第五，重视地域文化和优势学科的作用；第六，从审美教育课程内容的综合性出发进行教学；第七，内容选择要符合大学生认知水平，且能引起其学习兴趣，同时也要从教师自身的特点出发进行选择。

一、目标性原则

课程内容的选择是为了完成课程目标，因此必须根据课程目标的需要进行选择。所以，我们首先应该做好高校公共审美教育课程目标的剖析和梳理工作，为高校公共审美课程内容的选择做正确的指向。高校公共审美课的课程目标的制定，依据的是高校公共美育课教育的目的，体现着其具体的实施目标。在 2015 年国务院办公厅《关于全面加强和改进学校美育工作的意见》的印发，具体阐述了各阶段美育课程的目标，指出“普通高校公共审美教育课程要依托本校相关学科优势和当地教育资源优势，拓展教育教学内容和形式，引导学生完善人格修养，强化学生的文化主体意识和文化创新意识，增强学生传承弘扬中国优秀文化艺术的责任感和使命感。”可见，高校公共审美教育课程的目标是通过教授美学知识，来提升学生审美能力，使其拥有良好的审美观，达到感性和理性相协调的境界，最终达到完善人格的目的。还要将学科优势和当地地域文化相结合，继承和发扬传统文化，使课程内容更丰富。高校公共审美教育课程内容的选择就是围绕着这一目标展开的。

二、美学为基础的原则

每一种教育，都有其所要达到的教育目的，只有实现教育目标全方位的达成，才能真正实现学生的全面发展。达到美育目标，是实现学生全面发展的重要环节。美育本身的教育目的，就是要增进学生对美的发现、感悟和欣赏能力，从而能够创造美，实现感性世界的升华。学习美学理论知识，对学生建立审美观、增强审美能力、开发感性世界，起着举足轻重的作用。第一，美学基本知识对于人类审美活动有着指导意义。根据认识论的说法，只有了解了事物的本质，才有可能深入地去理解和认识它。所以，只有当我们意识到什么是美，才会明白哪些东西是美的等问题，才可以让学生养成正确的审美观。美学常识不足，就会造成审美上的偏颇，导致以丑为美、以怪诞为美的不正确审美观。社会上常有身着奇装异服、梳着古怪发型的人，就是因为其审美观念上的偏差，未形成正确审美标准。第二，对于美的本质的认识，有利于学生形成自己的审美观。美学以美的客体、审美对象和审美主体为研究对象，并研究审美主体和审美对象之间的相互关系。其中，美学中关于美的论述源远流长，美的本质问题，历来是美学研究中的重大问题。但是，美常常要靠审美主体的情感来实现。所以和别的科学不一样，至今无人能确切地界定何为美。对于什么是美，尽管到今天都没有确定和统一的说法，但是自古以来，人们对于美的研究和认识都有一定依据，这些对于美的不同论述，可以指导学生从各个角度来了解什么是美，最终在心中有一个明确的概念。第三，美学是从哲学中分出来的，起源于哲学。美学研究的是美的本质，并最终形成关于美的理论，掌握了这些美学理论知识，我们才能在实践中用批判的眼光来看问题。

研究美学知识，可以帮助人们发现美的存在，并欣赏美、创造美。第一，认识美的形式，可帮助人们提高发现美的能力。美学基本理论中，包含着对美的形式的解释。在生活中，人们常常把美分为自然美、科技美、社会美等。认识这几种美的形式，能使人们清楚地了解美的范畴，拓宽了人们对于美的定义。第二，在现实生活中，美是无处不在的，因此进行审美教育时，提高人们对美的理解，能帮助人们在生活中寻找美，提高欣赏美的能力。在欣赏美的同时，不只是享受美的事物带来的愉悦感，同时也要对它进行批判性的品鉴，形成自己对美的理解。所谓美学理论，就是研究存在于事物中的美的客观规律，它是对美的一种评判标准。美学理论能够为评判美提供理论依据与专业词汇，增强人们对美的鉴赏力。第三，研究美学理论是培养和创造美的前提。生活中，人们不断进行着各种科技、文化、知识方面的创造，创造是人类活动的最高形式之一。马克思曾指出："动物只是按照它所属的那个种的尺度和需要来建造，而人却懂得按照任何一个种的尺度来进行生产，并且懂得怎样处处都把内在的尺度运用到对象上去，因此，人也按照美的规律来建造。[①]"人们不但根据美的规律去创造客观事物，也在遵循着美的法则，不断创造着自我，重塑自身的内在美，进行自我完善。对美学理论的研究，能帮助人们掌握美的法则，使人们对于创造美更加得心应手。

研究美学理论，能够让人格变得更加完美。在众多美学学说中，移情说在其中占据着举足轻重的位置。移情是一种心理机制，它能促进人和客体之间情感上的沟通，在审美活动中将审美对象拟人化。移情说，以德国的立普斯（Lipps）为代表，他是著名的心理学家、哲学家和美学家，在他的著作《空间美学和几何学·视觉的错误》中，第一次提出了移情理论。他认为，事物与主体之间通过互相融合，由此能够在审美上产生共鸣。移情能够让人对审美对象有更多的了解，并将感情倾注到其身上。在人际交往中，往往有相似的情况发生，这就是我们常说的同理心。同理心是一种心理状态，也是一种道德体现。人们在交往过程中，通过移情进行换位思考，能够更加体谅他人的难处，从而产生帮助别人的思想，促进人与人和谐相处。人们研究美学理论，并不自觉地将其用到生活中，丰富了人类的情感，使人的感性世界更完善，从而有利于养成健全人格，提高道德修养。

---

① 马克思著．1844年经济学哲学手稿[M]．中共中央马克思恩格斯列宁斯大林著作编译局编译．北京：人民出版社，2018．

三、理论与实践相结合原则

教育是一种具有实践意义的活动，强调的是老师的教和学生的学。实际教学中，更多地将其划分为两类，即学习理论知识和进行实践活动。两类学习中，都将学生看作学习的主体，而教师的地位却是略有差异的。学习理论知识时，以教师为主导，学生从中汲取知识。进行实践活动时，学生是主导，教师在其中起到了辅助作用，在学生不知道如何解决问题时给予引导。学生在实践活动中处于主体地位，他们身体力行地学习理论知识，在实践中理解和巩固学到的新知识新理论，是教育中不可或缺的环节。如果仅仅依靠老师的讲授，是无法取得良好的教学效果的。理论学习和实践活动不具有单一指向性，存在着循环往复的关系，理论知识为实践活动提供了依据，与此同时，必须通过实践活动去印证理论的正确性，并从中总结出更先进、更翔实的新知识，如此循环。所以，教育活动中理论知识和实践活动都是不可或缺的一部分。

美育也就是我们通常说的审美教育，它旨在培养人们的审美能力，提升感性体验。审美活动更偏重实践，美育作为审美活动的一种，必然将审美实践当作一个很重要的方面。只有通过大量的审美实践活动，对大量的客观事物进行美的鉴赏，人们才能够体验美、发现美、欣赏美、创造美。审美实践活动以鉴赏美为主体，并通过鉴赏美实现对美的创造。这就要求欣赏者在审美活动中既要鉴赏又要判断，并根据自己的审美体验，发挥主观创造性，萌发新思想或者创造出新东西。无论是欣赏事物还是创造事物，都要有一定理论作基础才行。理论概括了事物发生发展的规律，我们只有掌握美的标准，才有可能做出审美判断。与此同时，审美理论要在实践中才能得到验证和发展，学生也可以通过审美实践来强化对理论知识的掌握。因此，在美育内容的组织上，要兼顾理论和实践的结合，过去的美育教材常将美育理论和实践部分分开来学习，学生先学理论，后进行实践。这种把理论和实践割裂开来的组织形式，有悖于边学习边练习这一基本学习原则，致使学生对理论知识不能灵活运用，在实践活动中起不到应有的效果，从而大大降低了教学效果。

四、艺术是主体的原则

美育以审美活动为载体，发展学生的审美能力。艺术具有不同的属性，而审美是艺术最基本的属性之一。艺术是人类审美需求的产物，相对于其他文化形式而言，唯有艺术才是从人的审美中发展而来的。艺术具有独特的审美价值，这是任何一种文化形式所不能比拟的。艺术就是按照美的规律进行创作的结果。

作为美的产物，艺术天生带有审美属性，同时又是用以满足人们审美需求的必然选择。艺术自身带有审美特性，决定了对艺术的鉴赏是一个审美过程。尽管审美有很多种方式，但是艺术鉴赏才是最主要的审美方式。艺术鉴赏以艺术作品为客体，艺术家创作的艺术品是美的结晶，也是美的形态的物化。对艺术品进行鉴赏及创作，是提升审美能力最为直接的途径。艺术是情感的表达，是使感性世界得到丰富的最佳形式。个体的感性幻想通过艺术的形式体现出来，从而获得欲望和情感的满足；体内被压抑的能量通过艺术欣赏和创作得以爆发，获得精神的自我升华。从这个角度看，似乎人人都是艺术家，因为每个人都会产生幻想——白日梦。高校学生经过长时间的理想思维培养，所有学习均以在高考中获得佳绩为目标。在枯燥无味的重复学习过程中，教和学的模式几乎是固定的，学生的思维是被禁锢的状态，以理性思维为主。再加上高考对同学们的要求很高，学生几乎没有时间去消遣和放松，郁闷的心情得不到宣泄。在此背景下，学生刚进入大学，常常表现为过分放纵或者紧张，这就需要高校教师给予相应的指导。高校的学习环境比较宽松，学生有比较多的自由学习时间，因此有必要对学生进行一定的健康兴趣的引导，防止他们迷恋低级趣味的审美。而学习艺术理论、欣赏艺术作品，有利于学生开阔眼界，同时有利于他们建立正确的审美观，发展健康的爱好。

孔子在《论语·泰伯》中对艺术在完善人格中的作用作了如下论述：“兴于诗，发立礼，成于乐。”这里的“乐教”指的就是审美教育。孔子赞同《乐记·乐论》中的“乐由中出，礼自外作”，乐教是通过情感，使人在不知不觉中被影响。相比之下，礼教则是以强制性规定来约束人，所以乐教对道德人格的形成更为有利。发展到今天，美育亦大多以艺术为载体。在中国，义务教育阶段和高中阶段的美育教育大多是通过音乐课、美术课等形式完成的；美国从 20 世纪 60 年代就开始了对艺术课程的分科，这种模式是其审美教育课程的主要模式。由此可知，自古以来美育教育贯穿着整个教育系统，特别是艺术对美育的影响举足轻重。

第二节　高校美育课程内容与教学方法

一、高校美育课程内容

高校美育课程是指以“美育”命名的，具有基础性和综合性的面向全校学生开设的课程。

与德育、智育、体育相比，我国高校美育处于当前高校教育中较为薄弱的位置。从课程设置上看，高校德育的课程体系构成主要采用必修与选修相结合的形式，开设思想道德修养与法律基础的必修课，辅以多种多样可供学生选择的选修课。高校的智育课程设置通常是针对专业课程的学习，注重学生专业能力的培养，在国家政策、科技进步、社会需求及教学质量监控等要素的推动下，经历了不断改革发展，形成了较为完备和成熟的专业课程体系，课时量非常充足。体育教育在大学阶段设置必修与选修相结合的课程体系，这一点与德育课相似，但其必修课数量占学生必修课总数的 30 %，有略胜于德育的趋势。

大学阶段，学生脱离了应试教育，处于人生的十字路口，正经历各自发展轨迹选择的彷徨期，素养教育正当其时，审美教育课程的设置应较中小学阶段更加丰富，也更具有挑战性，但从目前的实际情况看，美育教育并未发挥其应有且不可替代的作用。主要表现在：一是对美育教育的重要性认识不足，在教学计划环节上，未设置美育必修课程，尚未将美育教育融入教学体系中；二是美育教育的理论基础和实践经验不够成熟，在教学实施环节上，课程内容缺乏系统性，尚未建立起完整的美育教学体系；三是美育教学目标远不能适应社会发展和学生成长需求，教学效果上，未建立美育课程监测与评价机制，单纯为了开课而开课。

了解审美教育课程内容的含义，可以从了解课程的含义开始。我国学者施良方归纳出 6 种典型的课程定义：①课程即教学科目。②课程即有计划的教学活动。③课程即预期的学习结果。④课程即学习经验。⑤课程即社会文化的再生产。⑥课程即社会改造。

高校审美教育课程分为广义和狭义两种，广义的高校审美教育即审美教育，课程涵盖美育，美学课程、艺术类课程、文学类课程等。狭义的审美教育课程单指艺术教育、以“大学美育”或“高校美育”等命名，其课程内容主要是以教科书为载体，教科书根据具体教学目标，按照相关标准，统筹教学对象应该获得的审美能力，运用科学、系统的方法编订而成。

二、高校美育的教学方法

方法是“关于解决思想、说话、行动等问题的门路程序等”①。在中国古代，方法被称为方术、方略或办法。英语中“方法”一词为“method”，来源于希腊文的“metodos”，本意是沿着一定的路径前进。

我国大学的美育教育在多年的教育教学实践中形成了多种教育方式，并一直在发展和完善。但是，如果从以美成人的视角审视美育方法，还是能够发现不少的问题。例如，教学方法和形式不够多样化，相比起实践更注重理论知识的传授，且忽视情感体验；教育过程中，无论是教育者还是受教育者心态都是浮躁的、急于求成的。具体表现就是，家长和学校对学生的期望值过高，学生在重压之下，往往只注重分数，忽视了全面发展，容易导致不良人格的出现。结合之前对以美成人的美育的基本定位，结合当前大学美育方法的现实问题，笔者提出了下列在高校进行以美成人的美育的方法，主要包括知识传授、实践体验、环境熏陶、自我教育、情感共鸣和朋辈交流等。同时，也应该注意各种方法的综合应用。

（一）知识传授

美育中知识传授法，就是把美育基本知识或者美学常识，通过课堂教学和其他途径，直接传授给受教育者，是大学美育的根本所在，也是最为普遍的教育方法。

知识传授法的途径有很多种，它以知识讲授法、研究宣传法等为主。其一，知识讲授法。所谓知识讲授法，就是教育者用口头语言把美学理论传授给受教育者的一种教育方法。它作为一种理论教育法，运用最多也最广泛。在应用知识讲授法时，一定要重视以下几点：注意讲授内容的正确性，所阐述的知识、概念要科学；讲解既要全，又要系统，还要在理论和实践之间寻求结合点；讲解时，应采用启发式、循序渐进式的教学，避免注入式和填鸭式教育。其二，学习宣传法。

① 中国社会科学院语言研究所词典编辑室．现代汉语词典[M]．北京：商务印书馆，2000.

利用多种传媒以及舆论方式，把美学理论知识教给学生。此法主要是请专家为同学们举办美学知识的讲座，进行读书辅导，以弘扬美的理念。理论宣传法具有系统性和覆盖面广、影响范围广的特点，不仅影响受教育者，还能够创造一个好的舆论环境，提倡并指导学生自觉学习。

知识传授法的基本特点是：第一，直接性。意思是进行审美教育时，教育者和受教育者必须有清晰明确的目标。这一特点决定了传授方法要符合受教育者的需求，教育才能起到更好的效果。第二，系统性。知识传授通常是比较漫长的过程，以相对稳定的群体为对象，进行教育的时间和场所也是相对固定的。它给教育者提供了充足的准备过程，使完整、系统、有计划、有步骤地实施审美教育成为可能。第三，易普及性。即知识传授简单易行。通常情况下，只要有足够多的教师，只需要一两名专业的美育理论教师，便可一次性地对上百名受教育者展开教育。

课堂上，教师想要普及美育，一方面需要讲授基本的美学知识，另一方面还要指导学生理解美产生的根源，明白美的规律和实质，明确审美对象的价值所在，掌握鉴赏和创造美的基本原理及方法。指导学生在平时的学习和生活中，切实感受客观世界，感受人类自身之美，并懂得辨别何为“真善美”，何为“假恶丑”。例如，在探讨“社会美”时，可以指导学生检讨自身，找出与“真善美”间的差距，确定一个目标和对自己的定位，不断进行自我完善。学生对于美的理解与体验，总有较多感性内容，理性少了点，所以免不了美丑不分。通过对美的知识、美的理论的教学，有助于学生在理性方面理解美的性质、规律、类别和形式，懂得各门类艺术的基本技法，从而增强了学生对美的鉴赏力，促使学生个性得到协调发展。

（二）实践体验

孔子曾说，“三人行，必有我师焉。”“行”的原意是行走、步行，这里引申为实践活动。美育教学中，所谓实践体验法就是把大学生组织起来参加不同的审美实践活动，在实践活动中感受真正的美，从而增强学生审美能力，促进学生人格发展。实践体验法是通过对客观世界进行改造，最终达到改造主观世界的方法。通常来说，实践体验法有几种实现途径：参加校园活动、劳动实践、参观访问等。

实践体验指的是，教育者必须通过亲身实践，将美学理论运用到实践过程中，使身心得到更好的发展，加深对美的理解，从而提升自身的审美和创造美的能力。体验是建立在自己亲身实践基础上的，它一定是通过不同的感官，以及头脑对感受的加工来完成“意义世界”与“价值世界”的统一，并养成了一种对待美的心态。

“马克思主义认识论和实践观认为，社会实践是人的正确思想形成发展的源泉，是人的思想发展的动力，是人的思想认识的目的，也是检验人的思想观念是否正确的唯一标准。[①]”这是美育实践体验法的主要理论依据。

以美成人的美育中的实践体验，是指学生亲历审美活动所导致的心理活动的变化。亲历，是实践体验最基本的特征，这里面既有真实的切身感受，还包括一种心理虚拟体验——亲“心”体验。实践体验是人认识和改造世界的重要手段，也是一种知、情、意、行相统一的综合性活动。通过实践，所有外部现实都内化成了人类内在精神和情感的一部分。

在以美成人的美育中，实践体验具有无可替代的重要地位。大学生在现实中感受美，一方面，能让他们以感性认识为基础，对学过的美育理论进行印证，使审美理论教育得到加强；另一方面，又能从实践体验中得到新体验，让个人审美需求获得满足与提升，促进学生生理、心理和谐发展。

将实践体验法贯彻到美育的过程之中，应遵循如下几个原则：其一，构建实践体验长效机制，将“实践—认识—再实践—再认识”无限循环。大学生的审美观在不同时期是不一样的，因此单靠一次实践活动来实现审美能力提升的目的，是不切实际的。必须采取多种有效方式，针对新时代大学生美育教育中出现的新情况、新问题，不断进行合适的实践活动，建立长效机制，帮助大学生逐步提升审美能力和创造力，实现学生个性全面发展。其二，引导实践体验的过程。实践本身要求更深入地理解本质，如果不能科学组织体验活动，实践就会流于形式，起不到作用。其三，对大学生审美活动予以引导。首先，引导大学生了解自己的兴趣点，选择适当方式进行体验活动。其次，引导学生在体验过程中有针对性地进行观察记录。最后，给予学生相应的理论支持与对比参考对象，引导学生更深刻地理解美，使学生产生思想和情感上的共鸣，并由此得到美的享受和熏陶。

---

① 陈万柏，张耀灿．思想政治教育学原理[M]．北京：高等教育出版社，2007．

（三）环境熏陶

所谓环境熏陶法就是借助现实中美的东西以及无具体形态的文化所宣扬的主流意识形态，让受教育者在潜移默化中受到熏陶，感受美、接纳美的事物的方法。

年轻的大学生思维活跃、感情丰富，自身具有一定的科学文化知识，许多大学生拥有浪漫主义思想，这使他们的情感很容易受到刺激。生活环境本身也是与他们密切相关的，是学习过程中的一个重要环节。把审美价值观融入他们生活的环境之中，在不知不觉中对其进行熏陶感染和教育，常常能够起到事半功倍的作用。大学生全部的生活环境无外乎社会、学校和家庭，对大学生而言，校园是学习、生活最主要的地方，校园人文氛围是否浓厚、精神生活是否丰富、环境是否优美，影响着他们的美育教育，对大学的人格养成也起着举足轻重的作用。所以，以美成人的美育环境熏陶法主要以校园文化为载体。

大学生要健康成长，就必须要有一个良好的校园环境，对大学生进行素质教育，离不开好的校园文化氛围。第一，要构建优美的校园环境，使学生生活在其中能够感觉舒心悦目，良好的环境还能引人产生审美情趣，提高审美格调，这就是潜移默化的力量。文化理念浓厚的建筑掩映在绿树成荫的校园绿化中，校园干净、整洁，为学生提供文化、文明、和谐的美感。第二，开展校园环境文化活动能够为学生提供一种发现美的途径，强化学生对美的心理体验等。发现美是审美的先决条件。应在校内各社团组织和所举办的读书会、演讲会、朗诵会、文学社等各类活动，以及阅读、影评、科学兴趣小组等，抑或是在音乐会和其他活动中都能使学生发现和感受艺术美。艺术美具有极大的形象感染力，能震撼人心，滋润和陶冶学生情操，循序渐进地强化学生对于真、善、美的心理体验。第三，学校的科学教育管理制度、民主教育方式、优良的校风学风、平等和谐的人际关系、多彩多姿的文体活动，所有这一切，共同建构了良好的校园文化氛围，就像纯洁的空气、适时的春雨使学生在润泽中自觉地成材，给学生健康成长带来了积极的影响，让他们行动起来，心灵得到了陶冶，从而建构高尚完美人格，使人的个性品质获得充分发展。

采用环境熏陶法，有必要掌握如下一些原则：第一，形式要喜闻乐见，必须有一定吸引力、感染力，才会得到学生的情感共鸣，实现熏陶教育。第二，重视学生主体性作用的发挥，引导、鼓励学生更多地参加各种文化活动，多出高层次文艺作品，使学生参与其中，受到创造美的感染。

（四）自我教育

所谓自我教育法，就是受教育者根据审美目标的要求进行美育的自我学习和自我修养，从内心接纳美、欣赏和创造美的方法。

心理学研究表明，18 岁左右的大学生正处于从少年向成人过渡的时期，此时，他们的独立意识初步形成，具有较强的思辨与观察能力，他们往往用批判的态度看问题，更愿意坚持自己对事物的看法。所以，大学阶段是塑造一个人的思维方式最佳阶段，更是价值观、人生观、世界观形成的重要时期，它在人格发展中具有极其重要的作用。

以美成人的美育自我教育法，其特征是受教育者能够自觉地、自主地提高自己的审美能力。其主要根据就是辩证法中关于外因经过内因而发挥作用的基本原理。唯有将美育转化为自我教育，才能真正提高教育效果。教育者的美育理论教育始终是外因，无法替代受教育者自己的理解、内化活动。

自我教育在以美成人的美育进程中有着重要意义，也是提升大学生审美水平、健全大学生人格的重要方法。自我教育的功能：首先，它有利于教育者和受教育者合二为一，将自育和他育结合起来。教师他育，是自我教育的根本和先决条件，而自我教育则是教师他育效果的保障。自我教育发挥着受教育者的主观能动性，让受教育者积极主动地、有意识地进行自我学习，能够使自身审美水平和能力得到提高。其次，有助于加强教育者的自我教育能力。教的目的是提高学生的学习能力，受教育者有了自我教育的能力才会自立自强，对学习游刃有余。故美育的自我教育过程，从本质上看，就是提升学生的审美修养。在进行自我教育时，学生是自主自觉地去发现美的，大大提高了他们的审美能力，审美的心理结构得到了改善，增强了人格协调性。

在美育的过程中，贯彻自我教育法时，应注意以下几个方面：首先，应明确自我教育和他育应该是统一的整体。我们重视自我教育，是以美育个体性和目标实现为基础的，因此不能放松对他育的要求，对美育教师的责任和要求反而更高。推行美育自我教育，需要美育教育者拥有更高的责任感，并且讲究教育的艺术。其次，自我教育是一种个体教育，强调个人在美育中的职责和热情。重视自我教育，同时也是对集体教育的重视，强调学生通过互动交流，达到个人的审美提高。

最后，自我教育并非故步自封、闭门造车，强调的是个人应该勇于通过实践接受教育，将学到的理论和艺术情感同实践紧密结合，在实践过程中去培养和增强审美能力，最终形成良好的个人品格。

第三节 构建高校美育课程的框架

一、高校美育课程的框架设计

（一）理论课与实践内容

高校审美教育课程由两部分构成，分别是基础理论与审美实践。基础理论部分包括美学、美育基本理论知识、不同类型美的基本知识；实践部分由不同美的欣赏与创造活动组成。这两个组成部分并非彼此分离，它们是互相补充的关系。

学习理论知识是审美的前提，学生在学习理论知识的同时，能够指导审美实践的进行，反之亦然，只有在审美实践的过程中，学生才能够对理论知识有更深刻的认识，通过对许多美的东西的鉴赏，增强审美判断力，继而让学生能分辨出美与丑，建立正确的审美观，达到人格完善。所以在课程内容选择和安排时，必须坚持理论联系实际的方针。应当指出，高校美育课程作为一门公共基础性课程，面向各专业在校大学生，所以所选课程内容既不应该偏于专业，也不应该晦涩难懂，特别是理论知识这一部分，仅选基本理论知识就可以。

（二）美学理论知识的内容

美学是哲学的一个范畴，它以美与艺术为主要研究目标。高校审美教育课程针对所有在校学生，所以要精选最基础的美学内容。学习美学知识，就是为了审美鉴赏和建立正确审美价值观，所以在内容选择上，要选择具有指导价值的入门知识。让学生通过学习基本的美学知识，懂得什么叫作美、美有哪些特点、美的形态和范畴，从而具有美学判断，树立正确的自我审美观。所以，在研究美学基础知识时，要将美的形式、结构特点、经验等方面的内容融入其中。

美学中的其他一些知识，如审美经验、审美情感、审美趣味、审美创造等，多从审美心理方面对人类审美活动进行剖析，探析人类审美活动发生和发展规律。这些认识都过于专业化，对于学生树立正确的审美观、审美能力发展、人格完善所起到的效果甚微。并且这些理论知识多集合了各家之言，学术上至今尚未形成结论，作为美育的内容进行研究，亦有难解之处。

（三）美育理论知识的内容

美育基本知识的学习，虽然不占高校审美教育课内容之首，但是它的开设是十分必要的。一方面，美育基础知识在课程内容中不占主导地位，之所以如此，是因为高校审美教育课程仅仅是为师范专业学生设置的一门专业课程，没有必要对所有学生进行系统的教学。另一方面，又需要学习美育基础知识，由于当今人们对美育的认识还有不少误区，大都把美育看作是道德教育的工具，或干脆把美育看作是学校设置的一门艺术课程，对于美育缺乏正确而全面的理解与认识。所以在高校审美教育课程的设置上，学习美育基础知识十分必要。在美育基础知识选取方面，要坚持基础性，旨在让学生知道并理解什么叫美育。美育基础知识应该包括美育的内涵、美育的方式与作用等。

（四）各种类型美的理论与审美实践的内容

高校审美教育课程的设置，主要是通过审美活动进行的，对各类美的欣赏是课程内容中的重点部分。想要欣赏到千姿百态的美的事物，需要对不同美有一个基本的认识和理解。通过对不同美的含义、特点、形式等基础理论知识的学习，奠定审美实践的基础。

一般情况下，人们将美分为自然美、科技美、社会美和艺术美四种形式。高校审美教育课程的实践部分，也出自这四部分内容。因为在课堂中，自然美和科技美的创造难以实现，所以在审美实践环节主要以欣赏为主。社会美的审美创造可以从自身形象塑造开始，艺术美的审美创造，可通过艺术创作完成。

高校审美教育课程内容中，审美基本理论与审美实践之间存在着一种整合关系，在课程内容的安排上，应避免这两个环节分离。本书仅仅展现了高校审美教育课程所应包含的内容，在课程的具体实施过程中，可有重点地增加一些。例如，审美实践一节中关于自然美、科技美的论述，或者社会美、艺术美的鉴赏和创造，可以全部讲解，也可选择以某种美的形式为主讲，其他泛泛论述。在基本理论部分，对理论的学习可根据课程安排和学生学习实际情况适当进行增减。

二、高校美育课程框架设置需要注意的要点

（一）注重审美实践内容的设置

审美实践活动在大学审美教育中占据着主要地位，随着审美能力的发展，不可避免地需要进行审美实践活动。通过鉴赏美，个体可获得无与伦比的美的体验和感受。学生在直观上有所感悟，才会推动他们的感性世界发展，只有参与审美实践才能达到提升审美能力的目的。高校审美教育课程的审美实践内容主要有两部分内容，分别是审美体验与审美创造。

1. 审美体验内容的设置

进行审美体验，就是要学生观察、触摸或者倾听审美对象，将其直观形象展示在学生面前。所以，审美体验是以鉴赏为主。强化学生审美体验的途径有两条：第一，适当提高课堂教学中审美实践活动的比重，在课堂上将美育理论和实践教学结合起来，一边教基本理论一边进行审美实践活动。通过量的积累，实现一个质的飞跃。第二，精心筛选审美对象，给学生最佳的审美体验。有限度地开展课堂教学，以期能够让学生获得更好的审美体验，就得挑选那些符合大众化审美、具有代表性的对象。第三，多选一些与学生生活密切相关的东西，更容易引起学生的感情共鸣，从而强化其审美体验。第四，应重视审美对象的多样性，选择不同的能够带给同学快乐、悲伤、愤怒、同情等多种情绪的对象，使学生的审美感受更加丰富。

2. 审美创造内容的设置

所谓审美创造，就是人自觉创造美好事物的实践行为，是一种有意识的心理活动。审美创造可以是精神上的，也可以是实践上的。当今高校审美教育课程，其审美实践活动仅止于审美体验的步骤上。教师上课多用多媒体播放视频、图片、音乐等，让学生对作品进行鉴赏。教师一般是就作品、作者的背景进行说明，分析作品意蕴和技巧，较少站在审美的角度指导学生鉴赏作品。学生对作品的研究也大多数停留在认知层面上，很少深入去探究作品审美趣味。甚至连在课堂上发言的机会都很少，课堂教学中学生的主体地位很难凸显。

教师可从如下途径给学生提供更多机会进行审美创造：第一，在作品欣赏时，指导学生审美创造。在审美的过程中，通过鉴赏活动生成他们对事物的情感、认识和判断，这也算是一种审美创造。教师在展示作品的同时，可恰当引导学生深入思考，例如，问同学们是否了解面前的作品、作品带给他们的情感体验，或者作品美的内涵。第二，通过课后作业布置等方式弥补课堂教学中审美创造上的缺失。老师可针对这节课的内容进行讲解，为学生布置恰当的任务。应当注意：作业内容要让学生有兴趣，能激发学生的创作愿望；还要兼顾学生掌握的各种资源，用到的工具应该是每一个学生必须具备的；作业形式应该大众化，必须兼顾所有学生的能力水平。

（二）充分利用地域优势

高校和其所在城市，两者之间是一种互相依托、互相促进的关系。高校培养了一批人才为城市发展做贡献，与此同时，在校生带动着城市消费，促进城市经济发展。高校是城市的一张名片，担负着向当地输送人才的任务，它在开设专业时，应兼顾所在地域对人才的需求。城市经济发展水平和所在地理位置，直接关系到人才的招生情况。在此背景下，高校美育也应充分利用当地具有的各种特色资源，推动审美教育课程建设。

1. 课堂教学中地方传统文化的运用

在内容选择上，高校美育课程要善于运用独具特色的地方文化资源。一方面，地方特色文化浓缩为艺术形式，适合选作美育的内容。比如，京剧、黄梅戏、剪纸艺术、皮影表演等，都是一种地方特色艺术形式。另一方面，这些特色文化又扎根当地，有广泛的群众基础和不少的艺术家，可供选择的佳作也很多。开展课程教学的时候，可邀请当地艺术家担任老师，他们对地方文化的发展了如指掌，并十分精通这种技艺，更加方便随时随地地展示。

艺术家对他们所从事的职业充满激情，这种激情能够在一定程度上感化学生，激发学生学习热情。同时在教室里展示文化产品，能让学生有更直观的感受。

地方文化是中国传统文化中的有机组成部分，将地方特色文化选入美育课，亦是对中华传统文化的继承。除了人们所熟知的地方优秀文化，还有许多地方文化濒临失传。利用高校课堂，它们就能被更多人认识，对扩大文化知名度、挽救行将流失的优秀文化有非常重要的作用。同时，可以激发学生学习传统文化的兴趣，挖掘人才，更好地继承和发扬地方传统文化。因此，在高校美育课堂中增加地方传统文化内容，对学生个人、高校美育、传统文化等都是非常有好处的。

2．课外审美实践活动中对地方资源的利用

就课堂教学而言，愈是直观，就愈能给学生留下深刻印象，课堂效果也就越好。美育作为一种对学生进行审美能力培养的课程，直观性也是其应该遵循的根本属性。审美教育课程，就是要关注学生的审美体验，只有通过审美体验才能真正去认识美、鉴赏美。所以，审美实践这一形式是审美教育课程的重中之重，愈是直观的审美体验，在学生身上所发挥的作用就愈大。

高校美育课堂教学中，审美实践以视频、图像、音乐为主，比文字说明更直观。但是，还有更好的形式能为学生带来美的享受，如参观博物馆、名胜古迹等。高校所在的城市基本上都拥有一些名胜古迹和自然景观，这些资源完全可以被用到高校美育课中的课外实践部分。在美育课教学中，使学生不仅能够借助看和听去感知美，还能在课外实践课程中调动更多感官参与美的实践中，使学习效果更好。

古迹历史悠久、文化底蕴深厚，学生不仅可以从中获得美的体验，也可以感受到中华传统文化的博大精深从而产生热爱之情。高校审美教育课程涉及的自然美，更要靠课外活动取得最佳教学效果。比如登山，不但能让学生欣赏到大自然之美，培养学生热爱祖国大好河山，又能培养学生顽强的毅力，锻炼身体，拉近了教师与学生的距离。自然美并非只能在崇山峻岭中欣赏，周围一草一木，皆属自然，用心去感受，皆可从中领略到自然之美好。一些大学校园有悠久的建校历史，建筑风格富有时代特征、地域特征与文化底蕴，校园内植被种类丰富、花草树木繁茂、环境安静，虫鸣鸟叫，此起彼伏。毫无疑问，它是实施美育的最佳教材，能在潜移默化中，使学生获得美的陶冶。教师可以充分利用好这些有利的资源，通过引导学生参观校园或者布置课后作业，拍摄“我心目中美好的校园”，启迪学生注意周围的美，增强学生审美意识，满足审美需要。

教师开展课外教学时，应注意几个问题。一是课外审美活动耗时长，因此要求教师合理安排教学。平时的课堂教学通常是以学时为单位的，一周上课两节左右。如果安排课外实践课外出参观，路上就会花很多的时间，整堂课便无法按照常规教学课时来进行。审美实践活动课程又是审美教育课程中的有机组成部分，所以可以把它放到周末，以免影响其他课程的教学。尽可能选择离学校比较近的文化、自然景观，节约实践活动的时间与精力。二是课外审美实践活动可结合班级活动课程。课外审美实践活动使审美教育课程内容不断丰富，教学方法也在不断深化，为学生提供更直观的审美体验。它既是审美教育的课程，还可以是班级的活动课程，具有审美与班级活动双重作用，能增强师生间情感，同时具有审美功能。如大学周边的文化和自然资源都很丰富，要充分利用这个优势，对审美实践活动课程进行积极的尝试。美育课外实践活动当然具有多方面的益处，但是还需要学校领导给予大力支持、老师精心安排，更要有同学们的合作，才能完美实现美育教育效果。

（三）注重内容的综合性

所谓美育的综合性，是指美育自身所涵盖的内容十分广泛，从美学到文学、艺术，再到心理学、教育学……多门学科交织而成。就美育内容来说，一方面，美育学科的综合性，要求美育课程内容具有综合性。美育是一门建立在许多学科基础之上的科学，美育理论又是在与之相互交叉的学科理论基础上发展起来的。基于美育学科的本质考量，审美教育在课程内容的设置上必定要将多学科考虑进去。另一方面，美育的综合性学科性质又有利于内容上的综合。美育是感性的审美体验，比起其他学科，它更加有包容性，更加有利于课程内容综合性的达成。美育要求通过审美活动，充实人的感性世界，因此必须尊重学生个性发展，在美育内容的选择上要多样化，以满足学生多样化的审美需求。与此同时，美育的内容也需要有所选择和取舍，而美是比较宽泛的东西，涵盖了各方面的内容。就上述两方面而言，美育在内容的选择和设置上，势必强调它的综合性实质。下面就如何使高校美育内容实现综合性，谈几点具体的意见。

1. 课程内容的空间综合

高校审美课程内容具有综合性，空间上的表现可理解为选择不同民族、不同地区的文化成果，将其用作美育课程的内容。现今，世界上各个国家文化、经济、政治间沟通交流频繁，发达的网络也让人们更容易接触到世界范围内不同的思想和文化内容。我们处于一个多元化的语境，这已经成为无可争辩的事实。在中国传统和多元文化互相交融的历程中，有些文化观念与我们的传统思想有很大不同，一方面，若缺乏正确的引导，人们可能会因片面理解本国和外来文化，导致全面否定本民族文化，热衷于推崇外来文化，或是出现相反现象；另一方面，又有大量未经甄别的文化纷至沓来，不利于文化的有效汲取。网络让我们拓宽眼界，给我们带来了不同的文明和文化。同时，这些文明和文化内容面广，鱼龙混杂，为了让人们能够快速吸收和加工外来文化，有必要对其内容进行一些取舍。

大学是青年从校园走向社会的过渡阶段，读大学之前，学生被置于家长和学校的严格保护之下，紧张的学习任务让同学们并没有充足的时间与外界接触。学生从高中阶段的高压学习，一下子走进大学这种宽松自由的氛围，各种文化思潮汹涌而来，冲击着他们的思想。多数情况下，让学生猝不及防，由此造成了对传统文化和外来文化的误解。

大学是生产文化、传播文化的重要阵地，非常有必要对学生的认知进行引导。美育的内容涉及自然、社会、艺术、科技等诸多领域，将其产生的文化艺术为内容，引导学生形成客观的文化观是其他学科不具备的优势。美育应充分利用这一优势，让学生对传统文化与外来文化有一个客观理性的态度。所以，在美育内容选择和设定时，既要有对传统文化的继承，又需汲取其他国家民族的文化。在不断深化大学生对传统文化认识的过程中，将外来文化融入进去，使其产生全面客观的文化观念。

如何选择传统文化和外来文化呢？应该注意以下几点。

第一，在选择外来文化的过程中，我们应该选择和中国传统文化有着较大区别的主流文化。选择和我国传统文化有着强烈反差的文化，可使学生有一个截然不同的视角。之所以选择主流文化，一是每个民族的文化都是在其形成与发展过程中，受某种或某些文明影响而发展起来的，所以一些民族在文化上存在着相同点，选取具有代表性的民族文化就可以了。二是主流文化在国际上占主导地位，作为社会生活的一员，需要增强对主流文化意识的理解。亚洲地区大部分文化都受到了中国传统文化影响，综合前面两点思考，可选择欧美文化作为高校美育内容。

第二，对于传统文化，应选择其“与时俱进”的部分。传统并不意味着“旧”与“古老”，中国传统文化是随着时代不断创新和发展的，当今文化中的一部分也是从“传统”中演变而来的，当代文化产物中均能见到“传统”的身影。一个民族的文化，只有随着时代不断发展和变迁，才能确保它的生机与活力，中国传统文化亦然。美育教育让学生认识传统文化的同时，还要使学生了解当今中国多元文化语境中自己的文化形态，以及传统和现代碰撞下各种不同的文化尝试。同时，精选富有时代性的、贴近生活的文化，更能激发学生学习兴趣。

第三，在中外文化思想对比中，应注意论述的客观性。首先，教师起到的是引导作用，因此不能把自己的主观思想、观点强行加给学生，以免影响学生的判断。其次，在传统文化和外来文化相互融合碰撞的过程中，势必受双方影响而发生改变。一般来说，本土文化会借鉴和吸收外来文化，而非对外来文化照搬照抄，同时外来文化也会被同化成带有本土色彩的文化。教师一方面指导学生学习传统文化，另一方面也要让学生学会尊重外来文化，实现不同民族文化之间的交融，由此产生正确多元的文化观念。

2. 课程内容的学科综合

在高校审美教育中，课程内容的学科综合性指的是不同领域知识的综合。第一，美育的内容可表现为各种形式美的结合。美育的内容包括不同领域美的事物，如自然美、社会美、艺术美和科技美。审美教育课程的内容设置，可由上述四个美育领域结合而成，也可只选其一，或兼取数种。在美育内容的设置上，不一定要面面俱到，否则可能会导致每一部分的研究都不够透彻，所以最好选择1～2种为主体内容，其他为辅助内容。选择某种美的形式内容为主导，可以将其他形式美也纳入其中。这种形式下，课程逻辑严密，结构也明晰。

教师也可依据自身擅长专业，结合学校情况，有重点地选取美育教育课程内容，先从一个点说起，辅以其他多种形式美。例如，将社会美作为内容重点，将艺术美、自然美、科技美的内容穿插进去讲解。社会美包括自身的形象美、家居生活美、服饰美等，这一切都是和艺术美息息相关的，所以能够将两者融合起来。社会美中关于生活环境的部分，如度假别墅、海滨木屋、蒙古包等，是和自然相融合的，因此社会美还会涉及自然美的内容。当今科技飞速发展，生活中科技产品随处可见，为我们提供很多便利，科技已经是人们日常生活中不可缺少的部分，所以社会美还包括科技美等内容。这些内容与现代生活有着密切的联系，更能引起同学们的共鸣，深化学生对各种美的体验。

有的院校是非综合性的，如工程类、政法类、医学类、师范类院校。非综合类院校中，教师大多从事相似领域的教学和研究工作，教师可依据自身擅长的领域，选择美育教育的内容。通过专业与美育的结合，使审美教育成为专业课程体系的一部分，不仅能增加专业课程的趣味性，还能提高学生对该专业的学习兴趣，使学生从美学角度加深对这门课程的理解。但是，这种模式也有一些不足，它无法形成完整的美育体系，会降低美育内容的丰富性。以美育为基础，结合各个专业进行教学的模式，也有可能会分散学生对专业课程的注意力，如果过于强调专业教学，也会有碍美育教育的达成。因此，教师需要准确理解美育教育目标，把握好分寸，做到专业知识和美学教育的和谐统一。

现实中高校审美教育课程受师资、教学资源等因素的制约，不一定能做到对很多方面的内容进行整合。现今大学所设置之审美教育课程，多数是针对具体艺术形式开设的鉴赏类课程，这些课程充满了趣味性，深受同学们欢迎，如影视鉴赏、绘画鉴赏、音乐鉴赏等。从课程内容的种类看稍显单调，却能在风格上、年代与流派上增加多样性，让学生得到更加全面的审美感受。

3. 课程内容的时间综合

从时间选择的角度来看，高校美育课程内容选择兼顾了现代和传统，体现了时间的综合性。大众文化传播中，大学生是主要受众群体，更是站在时代前列的人。他们追赶时髦、制造时髦。为了能激发大学生的学习兴趣，高校审美课程必须要选择带有时代特征的审美对象。第一，从社会生活中选取。比如，当今流行的服饰、家居日用品、学习相关用品等。生活的不同方面，处处都有艺术的印记。这些东西和学生的生活息息相关，能够令其产生兴趣。时髦的东西并非全都是美的，通过理论教学，还能够引导学生合理辨别流行美及其趋势。第二，从艺术领域中选取。艺术来源于生活，是对生活的提炼。选择具有时代性的艺术作品，既让学生认识了当下艺术发展状况，也可以通过作品来体验其背后折射出的社会现状。

在精选富有时代特征的内容的基础上，同时也要精选经典性美育内容。第一，经典就是能够经受住时间的考验，被不同时代、不同阶层的人们所公认的美，它和流行美是有区别的，它能够历久弥新，带给人们颇为震撼的审美体验。第二，教育有一定的限定期限，才能传授给学生具有价值的知识，美育也一样，人类从诞生那天起，便踏上了寻找美的旅程，也留下了大量著作。高校美育需要从中选择精髓，用最少的时间最大化地实现教育目的。

（四）将美学理论与审美实践的内容相结合

美学是一门以美为研究对象的专门学科，通过多年来的学习与探索，由此衍生出一系列有关美的审美理论。不同的学者都对美进行了全方位的揭示，对审美活动的方方面面进行了探讨，指出了审美和各领域的联系。美育和美学之间存在着密切的联系，美育即审美的教育，就是学生在审美活动中，认识到什么叫美，怎样进行审美。美学，作为一门研究美和审美活动的学问，为审美活动提供了理论基础。审美实践活动要以美学理论为指导，才会更加卓有成效，审美实践活动才有所凭借。

1. 课堂教学中的理论与实践相结合

纵观当今高校美育教材与教学，美学理论多脱离审美实践。教材所涉及的美学理论多分布在前面几章，审美实践内容则被安排到了后面章节。学生在学习的时候，经常会因为时间跨度太大，无法将后面的审美实践与前面的审美理论有机结合，对美学理论在实践中的应用非常不利。此外，课堂教学中，审美实践活动较少结合美学理论知识展开，更多的是对于作者、作品、风格等问题的讨论，学生无法体验到到底什么是美、美在哪里，达不到真实的审美效果。以后的审美活动中，学生也只能单纯靠主观感受来审美，不能对审美活动做出理性的分析，更别说结合美学理论进行审美了。

第一，审美实践开始前，学生首先应对什么是美有一个初步的了解。通过对美的性质、形式、特征等的研究，让学生获得“美”的基本理论知识，才能够真正展开审美实践。当我们研究美学理论时，还必须与审美实践相结合，让枯燥的理论变得更加通俗易懂，并借助审美活动来验证理论的真实性。美的基本理论不仅要在课程之初涉及，同时也要伴随着整个课程，教师在教学过程中，应自觉融入其后的审美实践活动，加强学生对理论的认识和应用。

第二，在进行审美实践的同时，穿插对美学理论的讲解。比如，欣赏一株松树的时候，可先讲讲美学中有关审美对象的理论：即使面对同一审美对象，因为心态不同，产生的审美效果也会不同。朱光潜曾说过，身份不同的三个人——木材商人、植物学家、画家，同时来看这株松树，所产生的念头将截然不同：木材商人会思考怎样利用，植物学家会联想到松树的特性和类属，画家则会从如何画好它的角度对其进行鉴赏。当同学们欣赏松树的时候，教师以此来传授相关美学理论，让学生能进一步理解什么是审美。再加上松树带给人刚劲不屈的感觉，怎么表达这种对于审美对象拟人化的感受，可借用里普斯的“移情作用”来进行说明。

2. 课堂教学外的理论与实践相结合

除了在课堂上加强教学的审美理论和实践之间的结合，还必须通过课外实践的方式，进一步做到理论联系实际。课堂教学的审美实践以多媒体的形式展示，尽管比文字论述更直观，却又因为不直接同审美对象接触，直观感受比不上真实的现场参观。为了使学生感受得更直接，可通过看展览、看话剧、参与音乐会等形式，充实高校审美教育的课程内容。教室里的课堂教学环境，本身就不利于开展审美活动，如身处画展、音乐厅、剧院和其他环境，体会其独特的艺术氛围，人们自然而然地就会从审美的角度来体验它，这可以使学生获得较好的审美感受。引导学生走出校园参观是一种方式，另一种方式是将高校美育课程与高校现有的艺术资源相结合，开办艺术专业或者成立艺术团；充分挖掘和利用已有艺术资源，结合高校审美教育课程和艺术团、艺术学院组织的各项活动，给学生创造一个与艺术作品直接接触的环境。

第四节　构建校本美育课程

一、文学

文学是语言艺术的一种，它是以语言为基础材料，创造具体可感的审美形象，并用它反映社会生活，表达感情。高尔基在《和青年作家的谈话》中明确指出：“文学就是用语言来创造形象、典型和性格，用语言来反映现实事件、自然景象和思维过程……文学的第一个要素是语言。”文学艺术中审美教育的使命，主要在于训练学生对文学艺术物质材料——语言“意象”特征的掌握，让受教育者通过对文学语言中“意象”的掌握、对文学艺术审美意识的接受，进行审美心理构建。

（一）文学概述

文学作为一门语言艺术，与其他艺术形式有所不同，它刻画出了现实生活中一些特定的人物形象，同时书写了人类丰富、复杂的情感世界。它借助语言和文字，使人们对文艺作品中的形象展开丰富的想象，结合现实生活，感悟人类美好的情感世界。文学的分类主要有两种，三分法和四分法。其中，三分法把文学划分为抒情类、叙事类和戏剧类；四分法则将文学分成诗歌、散文、小说和戏剧文学。

文学艺术具有不同于其他艺术形式的审美特征。

首先，文学艺术的审美特征在于它的情感性。文学作品在描绘人类社会生活的同时总是不自觉地渗透着作者的主观情感，或为隐晦，或为直接。由于作家本身受到了历史、环境等因素的影响，他观察客观世界的角度也就有所不同，其作品就是他自身对于生活的认识、理解及评价。但是，无论作品是对现实生活的真实再现，抑或是对虚拟世界的创造，都表达了作家的主观情感。比如，无论是曹雪芹的《红楼梦》，还是卡夫卡的《变形记》，都是对现实世界的“反映”与“模仿”，也都表达了作家的情感。文学作品的这种情感性可以有效调节读者的情感，使读者培养出积极向上的健康的心理情感，它可以增强肯定性的情感，如辛弃疾的词可以增强读者的爱国意识，也可以使读者与主人公产生共鸣，从而使其情感“因宣泄而得到平静，因此恢复和保持心理的健康”。

其次，相对于直接作用于感官的造型类艺术，文学美又具有形象的间接性。文学作品所描绘的对象，读者是无法直接获得具体形象的，必须通过对文本的理解，再加入自己的一些想象，才能在脑中形成该对象的形象。由于文学形象及其意蕴要靠读者的再创造才能完成，因此它能充分调动读者想象的积极性，发挥读者的想象力，给读者以丰富的想象空间。因此，读者在阅读的过程中也就在培养自己的想象力。文学作品由于其间接性也可以使读者在再创造的过程中产生多种不同的审美意象，这样读者从作品中获得的审美感受可能比作者的本身意图要多。比如，李商隐的《无题》，有的人就觉得是爱情诗，有的人认为是托物言志诗。

最后，文学作品所表现的内容非常丰富。文学艺术所描绘的对象不受时间和空间的影响，作者运用自身的一些经历、历史的传承及驰骋的想象，描写宇宙中的事物，反映社会生活的各个方面，表达人类的各种情感。文学作品可以描写实实在在的物质世界，也可以描写难以捉摸的精神世界；可以描写已经发生的过去、正在发生的现在，以及无法确定是否发生的未来；可以如实反映现实生活，也可以想象虚幻的未知乃至不存在的世界。读者可以在阅读过程中很好地认识到各个层面的社会生活，感受各种类型的情感体验，获得所需的各种信息。

文学作品通过典型的、鲜明的形象来感染人，以优美的文字激励人，在善与美、情与理、言与行中培养人评价美、创造美的能力，指导学生学会如何去体验、观察、追求和创造美。因此，实施美育的一个重要手段就是文学欣赏，同时文学创作也是培养审美能力的重要途径。

（二）诗歌

1. 什么是诗歌

诗歌一般采用分行押韵的形式和节奏性强的音乐性语言，内容上具有想象力丰富、意境深远的特点。对社会生活进行了集中而精练的反映，表达出强烈的情感。诗歌作为一种文学体裁，可以说是最早出现的，诗歌最早起源于劳动号子，这是原始时期人们在生产劳动中创造的一种口头文学，如《弹歌》“断竹，续竹，飞土，逐 ”[1]，用极度简练的语言形象地描绘了原始渔猎时代的生活。

诗歌可以分为不同的类别，按照叙述内容来分，可以分为叙事诗和抒情诗；按照格式来分，可以分为格律诗和自由诗；按照题材分，可以分为爱情诗、咏物诗和寓言诗。在我国，诗歌按照历史发展，还可以分为古体诗和近体诗。

2. 诗歌的审美特征

（1）诗歌的形式美

任何事物在我们看到它的瞬间所体现的只是它的外在形式，诗歌也是这样。我们看到诗歌的瞬间，首先看到的是它形式上的特征。诗歌的形式美首先体现在它的外在形式上，无论是何种类型的诗歌都有一定的排列方式，并且都有一定的规律。古体诗和现代诗大体都追求形式工整，每行的字数、每小节的划分也有一定的规律。如格律诗，一般都是五字或者七字一句、四句或八句一首，非常工整。有些自由诗也是这样，如徐志摩的《再别康桥》，全诗共七节，每节四行，每行两顿或三顿，不拘一格而又有法度。

另一方面，诗歌的形式美还体现在它的韵律上。诗歌的这种韵律美主要是由音韵、节奏等构成的。一般来说，诗歌总是要求押韵，这样在朗诵的时候就给人

---

① 张觉．吴越春秋译注［M］．上海：上海三联书店，2018．

一种回环往复的音乐美。因为诗歌整齐的句式，在朗读时总是带有一定的节奏，所以形成抑扬顿挫之美。诗歌有这种韵律美，使其阅读起来朗朗上口，富有音乐美，从而使阅读者更容易产生共鸣，进而抒发情感。

（2）诗歌的情感美

情感是诗歌的生命。“诗者，志之所之也”，在这里，情感也就是“志”的一个层面。正是诗歌的情感美最能打动读者，使读者的情感得到升华和宣泄。诗歌的情感具有真实性和凝聚性两个特点。

诗歌的产生是诗人的有感而发，而这瞬间的情感爆发，是诗人最为真实的情感波动。李煜在写《虞美人》（春花秋月何时了）的时候，他是在经历了他乡的流离，感受到了亡国的悲痛，才在词中表达出对故国的思念之情和他的愁绪的。

一般来说，诗歌的篇幅都较短，并且不像其他类型的文学作品，它最为重要的功能就是抒情。诗歌在表现情感的时候总是把最为强烈的情感积聚于极少数的字当中，所有的叙写都是为了情感的烘托。如李商隐的《夜雨寄北》：

君问归期未有期，巴山夜雨涨秋池。何当共剪西窗烛，却话巴山夜雨时。

这首诗，开头两句描写的是现实情形，包含离别的忧愁；后面两句幻想未来相见的情形，富有对欢聚的期盼。离愁是实写，欢聚是虚写，后两句的描写将当下的孤独和相思衬托得更感人。

诗歌的情感又流露出含蓄的美，诗歌往往有一种“言有尽而意无穷”的特点，诗人在抒发情感的时候，常常用暗示、隐喻、象征等手法，委婉地抒发情感，如李商隐的“无题诗”大多隐约、朦胧，表现含蓄、委婉。

（3）诗歌的意境美

意境是一种在“心”（“情”）与“境”契合的基础上，引发出艺术灵感和艺术想象，从而创造出来的艺术境界。诗歌的意境之美在于它以文字所描摹的有形形象，蕴含诗人独特的情感体验，引发欣赏者想象中的无形形象，充分满足欣赏者的艺术再创造的审美心理和欲望。诗歌的意境是在读者阅读过程中感受到了诗人的情感后，运用想象，在头脑中展开的一幅画卷，并且是带有感情色彩的画卷。这样诗歌就引发了读者的审美联想活动，使读者获得强烈而独特的审美感受。如陶渊明的《饮酒》其五：

结庐在人境，而无车马喧。问君何能尔？心远地自偏。采菊东篱下，悠然见南山。山气日夕佳，飞鸟相与还。此中有真意，欲辨已忘言。

在淡淡的山水画中，蕴含着诗人自己悠然自得的心境，将“情”与“境”完美地融合，达到了王国维的“不隔”之境界。

（三）散文

1. 什么是散文

散文指的是在题材、内容上极为广阔，表现形式、手法极为自由，不一定具有完整的故事，语言不受韵律拘束，篇幅一般不长，通过某些片段事件的描述表达作者的思想情感，并揭示其社会意义的一种文学体裁。散文包括杂文、小品文、随笔、游记、速写、传记等。散文的结构并没有严格的限制和固定的模式，遵循的一个原则是“形散而神不散”。“形散”主要在于它的内容和形式，散文的取材极为广泛，而且各种表现手法都可以运用，“神不散”主要是“意”不散，也就是读者获得的是一个完整的“意境”、贯通的文气。如郁达夫的《故都的秋》，在描写秋景的时候不以时空为序，而是并行排序，体现了“形散的”特点，同时描写的这些景物又都具有清、静、悲凉的北国之秋的特点，即“神不散”。散文大多篇幅短小，通常具有诗一般的语言，优美而富有形象性，极具艺术表现力。朱自清在《荷塘月色》中描绘的荷塘：“曲曲折折的荷塘上面，弥望的是田田的叶子。叶子出水很高，像亭亭的舞女的裙。层层的叶子中间，零星地点缀着些白花，有袅娜地开着的，有羞涩地打着朵儿的，正如一粒粒的明珠，又如碧天里的星星，又如刚出浴的美人。微风过处，送来缕缕清香，仿佛远处高楼上渺茫的歌声似的。这时候叶子与花也有一丝的颤动，像闪电般，霎时传过荷塘的那边去了……”其语言清雅脱俗，内蕴淳厚，洋溢着诗意美。

散文又是最接近生活现实的文学样式，它具有写实的风格，一般不能虚构。根据不同的表现手法，散文大致可以分为抒情性散文、议论性散文和记叙性散文。

抒情性散文是以抒发感情为主的散文样式，其采用的抒情手法最常用的是直抒胸臆、托物言志、借景抒情等，但不管用哪一种手法来抒情，都离不开对具体事物的寄托，因此抒情散文常要借助具体的事物，构成生动的形象，来抒发作者的情感，如茅盾的《白杨礼赞》。

议论散文是以议论为主的一种散文样式，主要包括杂文和小品文，其突出特点是关注现实，批判和否定现实生活中的不良现象。它不同于议论文，不是运用概念、推理等逻辑形式，而是通过具体形象展开议论说理，文笔自由灵活、幽默诙谐。如鲁迅先生的杂文，在强调杂文的思想性、战斗性的同时，也强调它的艺术感染力，强调它必须通过生活的形象和语言的魅力给读者以艺术的享受。

叙事散文以记叙事件、描写人物为主，有一定的故事情节和人物形象，但大多是人物的某些侧面事件的某个片段，如朱自清的《背影》、孙犁的《亡人逸事》等就是优秀的叙事散文。

2. 散文的审美特征

（1）散文的结构美

散文结构最大的特点就是“形散神不散”，它的结构灵活多变、不拘一格，似乎很散，但总有一条线索贯穿其中。在一篇作品中，要写两三件乃至更多的事，材料零碎又不关联，但好的散文都会做到或以人物为线索，或以作者的行迹为线索，或以作者的情感为线索，将各种内容联系起来形成一个有机的整体，组成富有立体感的形象画面，以增强散文的艺术魅力。如唐弢的《琐忆》，选材很“琐”(既“小”，又“多”)，以鲁迅先生的两句诗“横眉冷对千夫指，俯首甘为孺子牛”作为全文的线索，做到文章“琐而有序，琐而有纲”。

（2）散文的语言美

散文素有“美文”之称，它的语言美主要体现在文辞上。散文的语言美首先是简洁流利、言简意深。散文短小精悍的形式决定了其必须高度重视对语言的锤炼，“立片言而居要，乃一篇之警策”，三言两语，抒情状物，抓住中心。其次，散文的语言之优美表现在选辞上，或铺采 文、文采飞扬、绚耀华丽，或朴素清新、含蓄隽永、恰到好处。同时，散文还注重以形象生动的语言说理，让读者可以在审美的同时感悟到人生的哲理。

（3）散文的情感美

散文是一种较为注重抒情的文学体裁，它所写的题材往往是作者亲身经历过的，它所抒发的感情是作者自身感受到的。优秀的散文作品大多渗透了作者的真情实感，不但细节具体真实、事物特征鲜明，而且富有情理。作品表达了作家发自肺腑的、深沉的、丰富的和凝聚的深情，因此能在读者的心灵深处激发起一股情绪的波澜，产生一种感人的艺术力量。

（四）小说

1. 什么是小说

小说是文学的一大样式，它通过艺术的语言、完整的故事情节和具体的环境描写，塑造多种多样的人物形象，是一种广泛地、多侧面地展现社会生活的叙事性文学体裁。人物、情节、环境是小说的三要素，小说以情节发展为线索，塑造人物性格，展开故事。小说较少受时空、真人真事和篇幅的限制，它可以综合运用各种表现手法来塑造人物、表现冲突、展开故事。因此，小说在提供给读者以整体地、广阔地感受复杂的社会生活方面有其他文学体裁所不及的优越性。

在西方，小说起源于古代神话、传说。在中国文学史上，古代神话、传说是小说的雏形和源头。小说按题材和内容可以分为历史小说、武侠小说、言情小说、谴责小说、侦探小说、科幻小说、哲理小说等；按表现手法可分为日记体小说、书信体小说、章回体小说、自传体小说等；按其篇幅可分为长篇小说、中篇小说、短篇小说和小小说。

2. 小说的审美特征

（1）小说人物的形象美

人物是小说的三要素之一，塑造人物形象是小说创作的中心任务，小说塑造的人物形象是丰富多彩的，不同阶级、阶层、职业、民族和不同性格的人物都能在小说中找到。人物的形象主要由人物的外貌、行为语言、性格构成。

小说主要是通过肖像描写来表现人物的外貌，人物的外貌描写通常蕴含着对人物心灵的刻画。成功的肖像描写不仅可以使读者看到人物独特的外貌，而且可以从外貌上看到人物独特的性格。如鲁迅的《孔乙己》："青白脸色，皱纹间时常夹些伤痕；一部乱蓬蓬的花白胡子。"刻画出一个穷困不得志，又经常挨打的老书生的形象。断腿前后肖像的对照，更显出他的遭遇的悲惨。通过服饰的细节描写揭示了孔乙己懒惰而又死爱面子的特征。"穿的虽然是长衫，可是又脏又破，似乎十多年没有补，也没有洗。""又脏又破，长期不洗不补"，既说明孔乙己很穷，只此一件长衫，又说明他很懒，连洗衣服都不肯动手，而不肯脱下这么一件长衫，是唯恐失去他读书人的身份。

对人物的行为语言的描写是刻画人物形象的一个基本手段。人物的所作、所为、所言，都是其思想性格的直接表现。有时即使是寥寥数语，也能凸显人物性格。鲁迅在《孔乙己》中多次描写孔乙己满口的“之乎者也”，反映他受封建教育毒害之深。孔乙己用“四书”“五经”中的所谓“圣言”为自己辩解，连偷书也说成“窃书不能算偷”。这些性格化的语言极能表现孔乙己自命清高、迂腐不堪、自欺欺人的性格。性格不同，人物的行为也会有所差别。巴尔扎克《欧也妮·葛朗台》中，葛朗台在临死的时候还要伸手去攫取为他做法事的牧师手中的镀金十字架，这一行动描写深刻地揭示了老葛朗台贪钱成性、视财如命的本性。

一部小说的成功与否，在很大程度上取决于小说中所塑造的人物是否成功。成功的人物形象必定是具有鲜明性格的形象，因此小说中对人物的外貌、行为、语言的描写都是为了刻画出鲜明的人物个性特征。例如，《红楼梦》在艺术方面所取得的伟大成就，最突出的就是其书中所塑造的一批个性鲜明、血肉丰满的人物形象。这部小说中，有名字的人物有四百八十多位，其中能给人留下深刻印象的人物有几十位，最典型的如贾宝玉、林黛玉、王熙凤等典型的人物形象。

在文学欣赏中，我们面对一个个生动的、特别的文学形象时，会自觉或不自觉地进行学习模仿，这是一种较明显也是较浅层次的塑造自我的方法。除此以外，我们还可以在审美的最高层次，通过反观自我来达到对自身的认识和重塑。形态生动、个性特征鲜明的人物形象能够打动我们的心灵，引起我们情感的共鸣。

（2）小说的情节美

情节是作家按照一定的生活逻辑，用以展示人物之间、人物与环境之间的关系，表现人物性格，显示作品主题的一系列生活事件的演化过程。情节的构成一般包括开端、发展、高潮和结局，它是小说的另一个重要元素。虽然当代小说有倡导非情节和无情节的创作倾向，出现了意识流小说这样的小说样式，但是所能做到的也只是情节的淡化，而无法从根本上取消或否定小说的情节因素，人物性格的形成、发展和变化，都要通过丰富完整的情节来表现。

小说是反映社会生活的一种文学体裁，它所描写的都是现实生活各层面的再现，无论是真实世界，还是虚幻的世界。因此，小说的情节具有合理性，是作家从大量生活事件中提炼出来并经过艺术加工而创造出来的，无论是真实再现，还是虚构，都要符合人物思想感情的活动规律，切合人物性格发展的逻辑，这样才能使情节既出人意料、引人入胜，又在意料之中。合情合理的情节会因其真实可信而增强作品的感染力和艺术魅力。同时，小说的情节美还在于情节的生动性，具体表现在情节的跌宕起伏、矛盾冲突强烈等方面。曲折变化的情节，往往扣人心弦，能够使主题表现得更鲜明、人物刻画得更突出，对读者极具吸引力。

二、音乐

音乐从某种角度体现了人对现实世界的某种特殊的情感体验。音乐是最美好的理想与情感的体现者和代言人。

（一）音乐概述

1. 什么是音乐

音乐具有社会性特点。它通过让人在一定时间内感知音乐、塑造某种艺术形象等手段，来传达某种审美情感和理想，或者反映某种社会现实。音乐是一种纯粹的艺术，音乐在人类生活中扮演了重要的、无可替代的角色。在音乐中，人们能体验到人存在的目的与价值，以及心灵的全部奥秘。

音乐的基本物质材料是音响，也就是能够被人的听觉器官感觉到的乐音。音乐艺术的审美实践过程主要包括创作、演奏或演唱及欣赏三个方面。音乐的语言包括音阶、调式、调性、和声复调、曲式结构、配器等音乐艺术的表情和描写手段。音乐的基本构成要素包括旋律、节奏、音色、和声四大部分。旋律是音乐的灵魂，它是指乐音按特定的高低、长短和强弱关系有机地连接排列变化构成的一条运动线，具有独立性的许多音以单声部进行。旋律主要体现出调式特征，表现音乐的基本内容，是创造音乐艺术形象不可缺少的一种重要方法。单独某一音节无法构成旋律，只有将各种音高的音组合为一个乐句，才能称之为旋律。作品中的旋律线往往分为几个乐句。尽管用来构成旋律的元素只有七个音符（它可以分为十二个均等半音），但是这七个音符却可以组合成无尽的旋律。每一部音乐作品，其旋律无不反映着某种情感，有着不同的审美价值。旋律是音乐的关键，每个音之间长短和强弱关系的变化，能产生不一样的旋律。旋律在音乐中同样有着非同一般的地位，节奏和旋律的变化有机结合起来，让音乐作品焕发出内在生命力，并充满着生机与活力。音色指的是声音的质地和特点，它是音乐的一种表现手段。

音色受发音体的质料、形状、发音方法及其泛音的多少等影响而有所不同。比如，男高音音色嘹亮清晰；女高音明亮、华丽；男中音低沉，苍劲有力；女中音温柔宽厚，这些声部所具有的特有色彩，往往调节着其在歌唱各种作品时的艺术表现力。和声在音乐中的作用主要体现在功能与色彩上。和声原本为协调的意思，现在泛指在音乐上同时发声，互相之间发出和谐统一的多声部声音组合，是为烘托主旋律，使声音富有层次，更饱满立体。和声的功能作用，直接关系着力度大小、节奏有松有紧以及动力大小。另外，和声在音响效果上也有明暗之分、疏密浓淡之别，由此赋予和声渲染色彩之功能。

音乐的类型多种多样，根据发声体的不同，可以分为声乐和乐器两大类；从国别来看，可以分为中国音乐与外国音乐；从年代上可以分为古典音乐与现代音乐两大类；根据作品标题不同，有标题音乐与无标题音乐之别；根据创作者身份，可以将其划分为专业音乐工作者的艺术音乐与人民群众的民间音乐，等等。音乐又可根据体裁与形式的不同分为合唱曲、交响曲、歌曲、舞曲、组曲、进行曲、序曲、夜曲、协奏曲、即兴曲、幻想曲、浪漫曲，以及民间丝竹、吹打、说唱音乐、戏剧音乐、电视音乐、电影音乐等。

2. 什么是音乐美育

音乐美育是指通过对音乐内容和旋律的欣赏，对学生进行全面的音乐审美，教育。按照美育的目的，有计划地组织实施，以期促进学生音乐素养的全面发展和个体的和谐自由发展。

音乐美育具有培养高尚人格，使学生养成良好道德品格，完善学生个性发展的作用。所以，美育不应该只关心音乐本身，更要将重点放在如何培养学生高尚情操上，最后达到构建学生审美心理结构之目的，由此，他们的身心得到了健康发展。音乐美育的使命就是让学生提升音乐文化审美水平，增强音乐审美修养，确立崇高音乐审美理想，进一步提升其音乐审美素质与音乐审美判断能力，陶冶情操，完善他们的人格，发展他们的身体，培养崇高的音乐审美情趣。

3. 音乐美育的历史渊源

音乐美育自古就有，并且是随着社会的改变而改变的。中国古代的“乐”是音乐、诗歌、舞蹈三位一体的综合性艺术。中国的礼乐文化兴起于西周初年，是周代统治者有意识地继承夏商两朝文化而建构的治国方略。周初统治者将制礼乐作为德治的重要举措来培养合格的人才。

这一传统后来在以孔子为代表的儒家文化中得到了全面发展。在孔子的音乐美育思想中，音乐美育往往被当作道德教育的一种特殊方式，他提出“安上治民，莫善于礼：移风易俗，莫善于乐。[①]”孔子的“兴于诗，立于礼，成于乐”“志于道，据于德，依于仁，游于艺”[②]，都把音乐美育贯穿于教育的全过程。

《乐记》是我国春秋战国时期儒家音乐教育思想的代表作，主张“以善主真”“以善主美”，看重音乐的“重人伦，敦教化”的伦理道德功能。《乐记》认为，“声音之道，与政通矣”“乐者，通伦理也”[③]，强调“乐以和人”的社会教化作用，想通过“乐”的陶冶作用使人们从内心归向“仁”。

音乐能够打开人内心深处最隐秘的情感世界，陶冶人的情感，培养人的气质……这种精神陶冶教育所起的功效，是说教和其他手段难以匹敌的。

汉代董仲舒认为，“乐者，所以变民风、化民俗也。其变民也易，其化人也著，故声发于和而本于情，接于肌肤，臧于骨髓”[④]，“教化之功”特别显著，音乐在他看来只是教化的一种工具。明代著名理学家、教育家王守仁十分重视音乐在移风易俗上的积极作用，他认为音乐的曲调应按照社会道德标准加以改变、净化，使百姓在无意中激发良知，达到“化民善俗”的目的。

在西方，柏拉图认为，音乐教育比起其他教育都重要得多。亚里士多德在《政治学》中明确地说：“音乐应该学习，并不只是为着某一个目的，而是同时为着几个目的，那就是教育、净化、精神享受，也就是紧张劳动后的安静和休息……要达到教育的目的，就应选用伦理的乐调……”[⑤]西方中世纪的宗教教育往往采用音乐的形式，达到感化人的目的。

4. 音乐美育的基本特征

音乐美育能够在不知不觉中促进人类对道德的认知和发展，然后凝聚并积累成自由的心理结构与行为模式，让人渐渐变得纯粹、善良。音乐的基本特征如下：

第一，音乐美育是非功利性的。音乐美育属于审美活动的范畴，寻求心灵的

---

① 詹杭伦．孝经[M]．南京：江苏人民出版社，2019．

② 文心．论语[M]．成都：天地出版社，2019．

③ 薛永武．《礼记·乐记》研究[M]．北京：光明日报出版社，2010．

④ 魏文华．董仲舒传[M]．北京：新华出版社，2003．

⑤ 柯彪．亚里士多德与《政治学》[M]．北京：人民出版社，2010．

惬意和快感，让人“脱俗”。音乐美育并无直接功利目的，它的实施是为了构建人们审美心理结构和完善人格，促进了人全面、自由、和谐地发展。

第二、音乐美育具有情感性。音乐美育始终关注的是人的情感，始终为怡情悦性、使人得到精神上的享受而存在。音乐美育的实施，从始至终是与情感体验相伴而生的，在刺激和唤起人们感情的同时，让人有热情，起着陶冶情操、净化与启迪的功能。通过音乐美育，可培养、提高人们道德修养，可帮助人提高品位、塑造高尚道德品质。比如，阿炳《二泉映月》的旋律，能够把人们引到夜阑人静、泉清月寒之境，表达出一个饱经忧患的老人心中难以言喻的郁闷与苦闷，以及在苦难生活中的不满足和抗争情绪，欣赏《二泉映月》，能增强人对社会人生的感悟，净化心灵。

总之，音乐美育是一种感性教育，它以人的兴趣、爱好为基础，在潜移默化中引起人们感情的激荡，形成共鸣。音乐美育的实施旨在使学生从音乐审美中获得极大的精神愉悦和满足，受到美的熏陶与感化。

（二）音乐的审美特征

首先，音乐具有形象的不确定性。人们在欣赏音乐时，听觉占据了主导地位，音乐形象并不直接作用于人的视觉，对于一般听众来说，乐谱只是没有生命的符号，引不起人们情感的愉悦，只有当歌手演唱或乐手演奏之后，乐谱才变成了活的音响，才被人们所感受。音乐是以声音作为物质基础和表现手段的。音乐形象的塑造就是依靠有选择、有组织的音响作为材料来完成的，声音没有确定的语义，因此音乐塑造的形象并不确定，必须借助于对音乐背景知识的了解，并在此基础上充分发挥想象力去感受音乐所“描绘”的图景。

其次，音乐有着极强的抒情性。音乐是表情性的，它虽不能像文学那样描绘事物的具体细节，不像图画那样给人以直接的形象，但是人们却能根据旋律的起伏、节奏的松紧、速度的快慢、力度的强弱等因素感受它的内在情绪。我们在第一次听到一段旋律时，最先体会到的就是这段曲子很哀伤，或者很欢快，这主要是因为人的情绪具有变化性的特征，其中强度的变化尤为明显。音乐也具有明显的变化性，由乐音的运动、更替而造成的起伏变幻的旋律，强弱交替而形成的节奏类型都与情绪变化有很大的相似之处。因此，音乐能够较好地类比人的情绪过程，更能表达人类的感情，与人达成共鸣，也能打动人。

最后，音乐具有时间特性。音乐的一切构成因素都是在时间的流动中建立、展开、完成的。音乐音响在时间上的流动和延续形成了艺术形象，产生了艺术效果。因此，所有的音乐都有一次性的特点，它的每一次表演都是不可重复的，这就要求人们在欣赏时必须集中注意力。所以说，欣赏音乐或参与音乐表演，对提高人的审美注意力是一种很好的锻炼。

（三）如何实施音乐美育

音乐美育由两个相关联的方面构成，其一，音乐基本知识的教学；其二，发展音乐审美能力。由于音乐美育以塑造审美人格为终极目的，因此传授音乐基本知识的目的在于培养音乐审美能力。对于非音乐专业的学生而言，音乐美育主要有音乐基本知识的教育和音乐欣赏教育。

音乐基本知识教育主要是指乐理知识的传授和音乐史的了解，这是对音乐的一种基本认识。音乐的基本知识应该包括音乐的一些基本理论、音乐史等。

音乐基本理论的学习主要是了解音乐的基本构成因素、基本的表现手段及基本特征，在音乐活动中实现对听觉能力、音乐记忆能力的培养。学习音乐史，等同于音乐文化知识的学习。只有先对音乐发展史、音乐民族特质和风格有一个基本的了解，才能够欣赏经典作品，并对其文化内涵进行解读，进而提高音乐修养。

音乐欣赏是音乐美育的不可或缺的方面。音乐教师要为学生播放音乐作品，引导学生学会如何欣赏音乐的内容和形式，逐步加深对音乐的理解能力，拓宽受教育者的视野，培养出“听音乐的耳朵”。音乐审美理解与认知理解有所不同，它通过具体音乐形式，感知其中所蕴含的意蕴，并抓住形式，运用想象的方式理解其中的精髓。音乐欣赏教育就是为了增强人“心领神会”的能力，使受教育者既了解音乐表现技巧，还要了解音乐作品中包含的民族意识和时代精神，一步步提升学生的音乐素养。教师引导学生享受音乐中的美，同时还要介绍与音乐作品有关的知识，包括对作品背景的描述、创作者创作思路、作品创作历程、作品在音乐史上的地位、人们对作品的看法等内容。同时，教师要给学生自由的想象空间去感应音乐传达的情感，领悟音乐所创造的意境，不能将自己或者乐评人对该音乐作品的理解强加给学生，也不能完全从个人喜好或者政教角度去选择音乐给学生欣赏，应该在尊重学生的兴趣的同时加以正确的指导。

音乐的实施途径包括社会音乐教育、学校音乐教育和家庭音乐教育，对于高校音乐美育来说，实施途径主要是前两种。

社会音乐美育范围广泛，而且对全部的社会成员都起到音乐美育作用，当然也包括高校学生在内。国家和社会建立的专门的音乐美育设施和机构，在社会音乐教育中有重要的作用，如音乐厅、少年宫、文化宫、文化馆站、广播电视台、音像出版社、音乐演出团体等，这就给予了学生更多地接触音乐的机会，同时让学生更为自由地选择乐于欣赏的音乐作品。

在我国，学校音乐教育是实施音乐美育的重要阵地，推行学校美育的途径是将课堂教育和课外实践相结合。大学音乐课堂教育主要是音乐理论的学习和音乐鉴赏课。课堂教育是一种系统性的教学，学生能逐步提高音乐素养，系统性地欣赏经典音乐作品。课外实践教育同样是不可忽视的一种教育形式，它与课堂教育相辅相成，它的主要方式是通过艺术社团的建立与管理实现的，也包括一些音乐比赛和艺术节活动的开展。

三、绘画

（一）绘画艺术概述

1. 什么是绘画

绘画是人类艺术中最重要、最古老的形式之一，是运用线条、色彩、形体、明暗、透视等绘画语言，通过构图、造型、设色等艺术手段，在二度平面上塑造出具有三维空间、有质感的静态形象艺术，因此绘画也是视觉空间艺术。古今中外的艺术理论家对于绘画艺术的界定层出不穷，黑格尔把绘画归为“浪漫型艺术”，浪漫型艺术的原则是单纯的内心生活原则，绘画表现的正是凝集在本身上的内心世界，表现着在心灵里存活的客观的和绝对的所有内容。

从绘画的感性材料上说，绘画把三维空间压缩为平面，取消了高度，保留了长度和宽度。黑格尔认为，绘画必然要打破空间整体性，才能使平面很好地表现精神状态。

绘画作为一门造型符号艺术，正是通过“打破空间整体”的平面“所指”，形成表达思想和情感的具象书写符号的表意系统。绘画语言包括线条、色彩、构图和造型等，艺术家通过这些符号语言为人类艺术之园奉献了无数名花异草。

在现代社会中，包括绘画在内的各类图像符号系统和视觉造型艺术语言，如书法、摄影、电影电视、多媒体等艺术已经逐步成为当代大众传播的主要语言。后现代主义思潮具有颠覆传统的意识，造成了传统绘画与现代绘画之间的冲突，但无论如何，绘画都毫不遮掩地以自己独特的语言方式传达出令人兴叹的艺术魅力。

对绘画的美育功能，我国古人多有论之，东汉王延寿认为绘画的作用就是“恶以诫世，善以示后”[①]；谢赫在《画品》中开篇就提出“图绘者，莫不明劝诫，著深沉，千载寂寥，披图可鉴”。这些理论大都强调绘画艺术的政教和德教功能，而宗炳的“畅神说”、姚最的“悦情说”、张彦远的“怡悦性情说”，则涉及了绘画的审美功能。

绘画美育是现代审美教育中重要的实施方式，在高校美育中发挥着重要作用。绘画是艺术家对现实生活的审美感受，寄托着他们内心深处的情感，包括他们对宇宙自然和社会人生的审美体验或者感悟，甚至是无意识的意念。高校学生在绘画审美教育中所能感受到的不仅是享受和愉悦的美感，还有瑰丽、精致、酷烈、凄惨等崇高感、痛感、丑感……因此，绘画所能表达的丰富性，使高校美育受教者能体会情感经历和审美体验，从而完善人格，提升审美能力。

在高校美育过程中，教师除了对学生进行绘画艺术理论知识的教授，还应着重对绘画艺术作品进行审美欣赏的指导。让学生真正亲近绘画艺术、懂绘画艺术，与绘画艺术家进行心灵的沟通，从而净化自身的灵魂，是高校绘画美育的目的。

2. 绘画的类型

随着社会文明的不断进步，绘画从初始的记录实用性质转变为艺术审美形式，成为独立的艺术种类，并形成了不同的艺术类型、风格和流派。掌握绘画艺术的流派、流变，能使学生在欣赏过程中具有清醒和深层的认识，从而更好地理解艺术作品。

世界绘画艺术，分为东方绘画和西方绘画体系。其中东方绘画体系指的是，发源于东方文明古国的绘画艺术，主要包含的国家有中国、印度、古埃及、波斯等，以中国绘画为主。而西方绘画体系也叫作西洋画，顾名思义是西方国家的绘

① 费振刚，仇仲谦，刘南平. 全汉赋文白对照 [M]. 广州：广东教育出版社，2006.

画艺术。它发源于古希腊和古罗马，以欧洲作为绘画中心，后发展到美洲国家，以油画为主要形式。欧洲文艺复兴运动以前，东方和西方绘画体系基本上是相同的，都是使用简单、明朗的线条先勾画出轮廓，在此基础上进行创作。欧洲文艺复兴的兴起，画家借鉴了透视学、色彩学、解剖学等不同学科的研究成果，逐步脱离了以前的绘画方式，形成了独有的西方绘画艺术体系。

世界绘画的分类很复杂，根据绘画使用的物质材料和技巧的不同，分为帛画、水墨画、油画、壁画、水彩画、水粉画、版画、素描、织画、电脑画等；内容上大体可分为历史画、宗教画、风景画、风俗画、人物画、植物画、动物画等；根据画面的形式不同，分为单幅画、组画、长卷、连环画、屏风画等；根据社会功能的不同又可分为观赏画、宣传画、广告画、插图、年画等。中国画主要是用毛笔、墨水和中国画颜料在特制的宣纸或绢上作画，从题材上可分为人物画、山水画、龙鸟画等；从技法上可分为工笔和写意两类，写意画又可分为小写意和大写意；根据设色不同，可分为淡彩和重彩。

（二）绘画艺术的审美特征

首先，艺术语言的造型美。线条、色彩和构图等手段是绘画艺术独特的表现方式和基本的艺术语言。画家通过运用这些绘画语言，能使欣赏者在二维空间的画面上产生三维空间的立体感受。线条有曲有直，水平线意味着放松、平静与休止；弧线给人一种不稳定感；垂直线意味着静态张力、准备就绪、抵抗力、支撑；对角线则意味着动作、活力、不平衡；曲线则给人一种流畅、灵活、柔美的感觉。

画家通过线条的组织来创造图案、肌理或描绘阴影。如英国风景画家约翰·康斯太勃尔（John Constable）的《干草车》，就是用突出的横线和竖线控制整个画面，给人平和宁静的印象。在中国的绘画艺术中，气韵生动的韵味也大都由线条来体现。

色彩是绘画语言中最富表现力的部分，不仅能真实地反映自然物，也能直接表达艺术家的思想感情。人们在审美时，颜色会起主导作用，保罗·克利（Paul klee）的画多用深绿色，代表着生命和希望，是一种梦幻般的感觉；培根的《三联画·中幅》则传达着暴力、恐惧和孤独，因为他用了大量黑白两色。色彩语言有很多象征寓意，蓝色象征信念和忠诚，绿色是青春和希望，每一种颜色都有它的特殊含义，画家根据自我喜好选择或者不经意间选用的图画的颜色，包含着各自的精神情感。

构图是画家为了表现主题和美感，在画面上处理各个形象的位置关系并组成艺术整体，达到写实性与象征性相融合。水平式的构图常常暗示着安闲、和平、宁静；金字塔式的构图常暗示稳固、持久；锯齿形的构图常包含着痛苦和紧张；圆状的构图常暗示着圆润、完满。这些绘画语言的有意味的呈现，使得绘画艺术具有直观性和可视性、具体性和精确性，这样纸面之物才能进入审美之维。

其次，艺术形象的表情美。音乐和舞蹈能直接、强烈地抒发情感，属于表情艺术，而绘画所描绘的生动形象表现出来的鲜明情感同样能给观赏者强烈的情绪感染。法国浪漫主义画派的杰出代表德拉克洛瓦（Delacroix）在艺术理论上有卓越成就，他强调绘画应该如同音乐一样动人，他认为绘画所激起的特殊感情是其他艺术所不能给予的。色彩安排、明暗转换所造成的视觉效果，是由画之音乐所创造出来的。俄国批判现实主义画家列宾（Repin）在他学生时代就同情彼得堡涅瓦河上劳苦的纤夫，在对纤夫生活进行深入细致的观察后，他精心创作出《伏尔加河上的纤夫》，作品描绘了 11 个生活在社会底层饱经风霜的劳动者，组成了一支坚忍不拔、互相依存的拉纤队伍，揭露了社会的不平和剥削阶级的残酷。画作背景颜色昏黄迷蒙，空间空旷奇特，给人以惆怅、孤苦、无助、压迫之感，从有力的笔触中我们仿佛能听到列宾愤怒和抗议的声音。

绘画是情感劳动，是人格本性的自然流露，也是一种人格化的再造自然。成熟的艺术必然是赋予了情感体验的艺术，是感于心而发、动于情而画，是表现自然的纯真与纯情。

最后，艺术形象的意境美。艺术家通常会选择最富于表现力的一瞬间来表现生活、表达心境，构筑出从有限中见无限、从有形中见无形、静中有动、动中有静的特殊画面，留给欣赏者无限的想象空间。在营造瞬息美这一点上，绘画与雕塑有相通之处，沉默而凝固的事物在视觉效果上往往呈现为欲说还休、欲动则静等具有动势的艺术造型。德拉克洛瓦的《自由引导人民》，画面上是法国“七月革命”时一场街垒战，主角是一位高举三色国旗、象征自由神的妇女，她健康、坚决、美丽，正鼓舞着各阶层人民奋勇前进。在她左侧，一个少年挥动双枪急奔而来，他象征着少年英雄阿莱尔（他把这面旗帜插到巴黎圣母院旁的一座桥头时，中弹倒下）；右侧那个穿黑上衣、戴高筒帽的高校学生传说是画家本人，他紧握步枪，眼中闪烁着对自由的渴望。强烈的光影与丰富而炽烈的色彩造成强烈、紧张、激昂的气氛，加上跃跃欲试的人物动作，动态巧妙地蕴含在静态之中，静动交融，就更能引导观众进入那个时代，把视线拉得更远，视觉更广，想象画面之外的情景。虚实相济也是造境的好方法，无画处皆成妙境。中国画素有“诗画一律”“诗画融合”之说，将诗言体味扩散在绘画的视觉直观里，鉴画衡文，道一以贯，诗与画便具有了特殊的审美亲和力，有了“万古长空，一朝风月”的禅意。唐代诗人王维，作画如吟诗，苏东坡称“味摩诘之诗，诗中有画；观摩诘之画，画中有诗”①。体味到绘画的意境之美才能直达艺术的灵魂之处和魅力之所在。

（三）绘画艺术的美育功能

1．培养学生的审美领悟力和想象力

审美领悟是指在审美活动中，审美主体以感性形式对客体意蕴的直观把握和理解。审美领悟包括在审美知觉和审美想象这两个阶段中不同层次的领悟，后者更为深入。因此，引导学生对艺术作品进行深层次的解读，寻找有意味的形式，能够使学生对生命、对有意蕴的东西有着更深刻、更个性化、更纯粹的领会，达到美化心灵的目的。审美想象是建立在审美知觉的基础之上，围绕心象展开的创造性的心理过程。学生面对一幅画时，可以“思接千载”，可以“精骛八极，心游万仞”，打破时空的局限性，进行自由的联想，从而锻炼了想象思维。绘画的特征是瞬间艺术，一个瞬间留下的想象空间无尽，只有完成了审美想象，才能获得完美的审美享受。

2．情感因素可以促进学生的审美心理建构

在欣赏绘画作品时，要重视情感要素。首先，引导学生与绘画艺术家进行情感交流，使学生更容易受到艺术家高尚情操的影响，有情感交流的审美，才是有价值的审美。列夫·托尔斯泰说过：“艺术是这样一项活动：一个人用某种外在的标志有意识地把自己体验过的感情传达给别人，而别人为这些情感所感染，也体验到这些情感。②”其次，格式塔学派认为，情感要素是一定的“力的图饰”，是

① 许伟东．东坡题跋[M]．北京：人民美术出版社，2008．

② 托尔斯泰．艺术论[M]．上海：上海社会科学院出版社，2017．

某种情感的同构。审美是一种情感震荡，要加深对抽象艺术感悟的灵敏度，在审美过程中引导学生抓住绘画作品所表现的思想和情感是必要的。审美经验的积累过程与审美情感的建立应当同步，多品味名画名作，经常与“经典”画作的审美意味共振，对学生的情感心理的培养会有很大帮助。

四、舞蹈

（一）舞蹈艺术概述

1. 什么是舞蹈艺术

舞蹈艺术是指以经过提炼和规范化了的有节奏、有组织的一系列人体动作为表现手段来表达人们在深层的精神世界，用肢体语言呈现美感的一门艺术。舞蹈艺术被归为时空艺术在于它以时间的展开为存在方式，并以空间造型为特征，抒情与叙事并存，具有综合性、表演性、丰富性的特点。闻一多对舞蹈有这样一个评价，“舞蹈是生命情调最直接、最真实、最强烈、最尖锐、最单纯又最充足的表现。[①]”舞蹈最大的特点就是运用人体语言作为传情达意的媒介，是动态的表现艺术、表情艺术，也是时空艺术。美国哲学家苏珊·朗格（Susanna k. Langer）称“舞蹈可以说是人类创造出来的第一种真正的艺术”“舞蹈演员创造的舞蹈也是一种活跃的力的形象，或者说是一种动态的形象”[②]。关于舞蹈的起源，古往今来，世界各国艺术家和舞蹈理论家各有说辞，古希腊人说舞蹈是一门模仿、描绘的科学，推崇“模仿说”后来又相继提出“游戏说”“劳动说”“巫术说”“性爱说”，现代舞蹈家则认为舞蹈产生于“个人的情感冲动”。舞蹈的真正起源大概没有那么单一，《毛诗序》中记载“情动于中而形于言，言之不足故嗟叹之，嗟叹之不足故咏歌之，咏歌之不足，不如手之舞之，足之蹈之也”，在沟通交流中，为了更好地传情达意，人们就会手舞足蹈，在舞蹈中愉悦自我，与此同时，舞蹈也渐渐成为一门具有表演性质的大众艺术了。

欣赏舞蹈艺术，其实就是欣赏人体本身的美，包括动态美及动态所产生的意象美，如果欣赏者感受到人体动态所传达的深层的情感或者象征意义，说明审美

① 闻一多．闻一多精选集[M]．北京：北京燕山出版社，2016．
② 朗格．艺术问题[M]．滕守尧，译．南京：南京出版社，2006．

产生了价值。

2. 舞蹈艺术的类型

舞蹈艺术可以分为生活舞蹈和艺术舞蹈，前者指与人们日常生活联系密切的、大众易参与和学习的群众性舞蹈，如我国北方汉族的“秧歌”、傣族的“孔雀舞”、藏族的“弦子舞”、苗族的“芦笙舞”等；后者就是由舞蹈演员表演的、供大众欣赏的舞蹈，如芭蕾舞《天鹅湖》、现代双人舞《命运》等。从表现形式上可分为独舞、双人舞、群舞、歌舞、舞剧等；按社会功能可分为交际性舞蹈、娱乐性舞蹈、表演性舞蹈、健身性舞蹈等。

3. 舞蹈艺术的审美特征

（1）动态性

首先，舞蹈是一种以人体动作为主要表现手段的舞台艺术，创造舞蹈形式和构成舞蹈形式美的物质材料就是人体本身。舞蹈人物的塑造、情绪的表达、意境的展现，始终贯穿在人体做出的一系列处于流动状态的舞蹈动作中。舞蹈就是以人体流动的动态美为语言来塑造舞蹈形象，表现广阔的社会生活。人体形态动作，按照一定的节奏有规律地发展，动作的连贯流畅与节奏统一起来形成韵律，这就成了舞蹈感染力的源泉。其次，舞蹈动作必须具有造型性，应该构成具有美感的形象，它通过人体的四肢和身段及丰富的表情姿态构成某种相对静止的形态。“形”“神”结合能够产生富于雕塑感和绘画美的形象动作，舞蹈便是“形”“神”结合的产物。舞蹈凝固了瞬间的生活片段，这种艺术形象是静态化的，表现力很强，往往能使观众印象深刻，浮想联翩。很多舞蹈在表演的开场和结尾处，常把流动的舞姿定格为静态的造型，创造出一个富有诗意的特殊化的艺术空间，使观众在诗情画意的情怀中自在畅游。

（2）抒情性

舞蹈与其他艺术一样，具有强烈的抒情性，“舞以尽意”“舞以宣情”的说法自古有之。不同于文学、唱歌等表达方式，舞蹈直接以身体、以手足来宣情抒意，表达更直接、更原始。舞蹈者情感的直接外化，很容易与欣赏者产生共鸣，激起观众的热情。其所表现的情感的真实、直观、激越、丰富和深厚的特点，是其他艺术门类所不及的。出色的舞蹈作品总是能抓住激情最浓烈、最冲动的瞬间，如下彝族双人舞《阿惹妞》就采用了爱情历史悲剧这一最激情澎湃的传统题材，抓住了人物最动容的时刻，以情起舞，通过富有激情的舞姿在无形之中把情感传递给观众。

（3）虚拟性

舞蹈中动态的虚拟抽象化、艺术性地概括了日常生活中人体的自然动态。比如，以人们的骑马行舟、跋山涉水、割稻洗衣等日常活动为素材来源，选取具有典型性的动态特征，采用夸张或浓缩的方式，将动态特征予以变形，使之富有美感、具有欣赏性。例如，在舞蹈《木兰归》中，演员展示的虚拟动作能够直观地展现木兰骑马归家的情景。这种艺术概括与升华具有模仿性，观众在自身生活经验的基础上调动联想，就能够通过舞蹈理解其要表达的内容。

（4）综合性

舞蹈是一门综合性的艺术，涉及文学诗歌、音乐、美术、戏剧、杂技、体操等众多艺术种类。舞蹈中舞姿的韵律像音乐，动作的造型及运用的空间、线条又像雕塑和绘画。舞蹈的综合性不仅表现在与其他类型艺术的相融合上，作为一种舞台表演艺术，舞蹈中舞台的美术布景、灯光、服饰等也具有十分重要的作用。比如，《命运》是编导根据贝多芬《第五交响曲》第一乐章所编排的现代双人舞，围绕“扼住命运咽喉，通过斗争，走向胜利”这一主题，歌颂人类勇于拼搏的精神，舞蹈以鼓舞人心的音乐为背景来表达光明必须战胜黑暗的信念；穿白衣的男子代表光明，是与命运抗争的一方，黑衣男子则代表黑暗势力，将希望与命运的冲突贯穿全舞；灯光上采用大量面光手法，大胆采用强烈的侧光，强烈的反差效果衬托出舞蹈的主题。

（二）舞蹈艺术在高校的美育功能

高校舞蹈教育并不是培养专门的舞蹈人才，而是为了提高学生的整体素质而开设相关的舞蹈理论课及舞蹈形体课等实践性训练的。舞蹈美育能使学生在提高自身修养、塑造良好艺术形象的基础上，更加自觉地按照美的规律去改造客观世界。

1. 培养审美感受力

舞蹈审美是一种对舞蹈动作形式美的感受，从而引发联想、想象的情感体验活动。审美者通过审美通感或审美移情，会形成自身独特的审美体验。舞蹈艺术通过人体的表情、舒展的动作、优美的舞姿在富有情绪气氛的舞台上，感染观众，引起观者的情感共鸣，从而净化观者的情绪和心灵。学生在欣赏或学习舞蹈的过程中，感知到舞蹈艺术的形式美，包括线条、节奏、构图、造型等，感受到这种凝练的艺术形式所包含的深层内涵，使自身的各种情感得到抒发，精神得到滋养，这样，舞蹈美育的目的就达到了。

2. 提高审美鉴赏力

运用审美的眼光对舞蹈艺术进行欣赏、鉴别和评价，需要掌握舞蹈艺术的各种表现形式和技巧。审美者只有具备一定的艺术修养，才能在欣赏过程中获得审美乐趣，才能较客观正确地评价艺术作品。

在高校开设的舞蹈欣赏课中，从舞蹈的审美特征入手，为学生解读经典的舞蹈作品，使学生掌握舞蹈语言，掌握解读舞蹈艺术的方法，进而提高学生对舞蹈的鉴赏力和审美情趣。

3. 塑造心灵，提升境界

舞蹈除了能让学生获得健康、活泼、向上的旺盛生命力，还能使学生通过对舞蹈艺术的审美，在心灵深处唤醒对真善美的追求，使他们深切地体会到生命之美、人性之美。受教育者正是通过对舞蹈艺术那种真切的表达方式的动容，从而净化心灵、领悟真谛、提升人生境界的。

五、书法

中国书法艺术不仅要求书写整洁美观、有体有法，其所承载的文化内涵同样是审美的焦点，有时甚至超过了对书法形式的审美。在中国传统的“天人合一”“立象尽意”的民族文化土壤中，书法早就浸润了以一种“人的内心视像”的观念和深刻朴素的方式来表现艺术审美价值。

（一）书法艺术概述

1. 什么是书法艺术

首先，书法是用毛笔在纸上书写汉民族语汇所形成的特殊的视觉艺术；其次，书法不仅是写字，写字有可认识的实用目的，它更倡导一种纯粹的审美活动，书法凝聚着书法家娴熟的运笔技艺，是其情绪气韵、态度观念、修养素质的综合表现。经过悠久历史的传承，书法已经发展成为一门纯粹的、具有学科基础的现代艺术。另外，书法在古代是写字，以实用为主，在现代社会则被尊为艺术，上升为一种审美的精神活动，正是这种古今在性质和观念上的嬗变，为现代书法的发展提供了新的契机。

对于书法本质的界定，历来说法不一，观点颇多。比如，书法是写意的哲学艺术，是抽象的造型艺术，是形象和抽象相统一的艺术，有的说书法美是多本质性的。虽然其本质难以界定，但其美学价值和审美价值足以使书法这门艺术获得本体意义上的升华。书法艺术以状拟自然、抒写性情、陶冶情操、展现个性等多种功能构成其特有的艺术内涵。培养青年学生对书法艺术的审美判断能力，培养其高雅的审美观，对高校审美教育来说是非常必要的。

2. 书法的源流及体类

中国书法历时三千多年，历经了漫长的演变过程，其体类渐多。东汉许慎《说文解字·序》中记载："黄帝之史仓颉，见鸟兽蹄选之际，知分理之可相别异也，初造书契。"还有不少其他典籍提及此说。最早的文字形态当然并非一人突发奇想所创造的，是受文化、政治、风俗等的影响而产生、发展、变化的，文字的原始形式包括简单刻符和原始图画，因此中国文字创造的基础是"象形"。

篆书是中国具有象形特征的最早的书体，在书学史上，甲骨文、金文、石鼓文、秦小篆都属篆书文体。1899 年，在河南安阳小屯村所发掘的"殷契文"，即甲骨文，就具有典型的象形特点，其字体大小不一、繁简不定、疏密错综、风格各异。甲骨文是我国迄今为止发现的最古老的一种书体，被称为书法之祖，具备用笔、结体、章法三大书法构成要素，从字体构型上看，能给人视觉上的稳定感。由甲骨文逐渐演变而来的金文，见于商周时期青铜器上的铭文，又称"钟鼎款识"，文字下凹为款、凸为识。金文装饰性强、凝重宽博、醇厚高古、气象万千。石鼓文是战国时期秦国人在高约两尺（约 66 厘米）、直径两尺余的鼓形石上所刻的文字，亦即我国现存"石刻之祖"，其笔法匀称谨慎，继承了金文的装饰性又逐步向小篆的整齐稳定靠拢。上述三种均为大篆。小篆为秦统一后的规范书体，写法固定、字形修长、整齐均匀、挺拔秀美，这是古文字演变的最终形态。秦丞相李斯创立了小篆，并成为中国书法史上第一位传世的书法家。印章艺术就是以小篆书体为主要创作素材，谓之"篆刻"。篆书的代表作有李斯的《泰山刻石》《秦诏版》等。

隶书相传是秦始皇时的程邈所创，成熟于汉魏，书学史上称之为“隶变”阶段。隶书是今体书的鼻祖，后来的草、行、楷都源自隶书。书法史上将隶书分为古隶和今隶。古隶是介于篆隶之间的过渡书体，化篆繁为隶简，符号性更强。从用笔上看，隶书变篆书的圆笔为方，以直代曲，字形由长到扁，笔画由繁到简，横势与笔墨意趣成为隶书的基本特征。今隶又称“汉隶”或“八分”，这是在东汉时期成熟定型后的隶体，这种书体分背突出、波尾分明、篆意尽脱。桓灵帝时期，今隶碑书大盛，华美精工者《史晨碑》、雄浑古朴者《衡方碑》、恣肆闳逸者《石门颂》、丰茂方劲者《张迁碑》。隶体使古文字向今文字转化，摆脱了“依类象形”的束缚，向更自由的艺术空间拓展。

楷书又称“真书”或“正书”，是中国书法中最典型的书体，由隶书和隶草演变而来，作为一种日常使用的书体沿用至今。楷书用笔灵活多变，讲究藏露悬垂，书体方正端齐，有着自然豪放之美。三国时期的楷书还未脱隶意，代表人物是钟繇，到东晋“二王”的出现，楷书则成楷范。王羲之的小楷及行书使其获得了“书圣”的地位，其子王献之《洛神赋》也以盛名传世。魏晋时风行碑书，北朝的碑书称北碑或魏碑，多出于民间书法家，艺术风格质朴自然、粗犷豪放。楷书发展到唐代，盛况空前，欧阳询、虞世南、褚遂良、颜真卿、柳公权等书家辈出，其所作楷书影响甚大，时至今日，仍为学书者临习的范本。楷书是抽象形象的高度概括，笔锋间也蕴藏着丰厚的情感，别看它字正方圆，却是个性极强、绚丽多姿的书体，可谓异彩纷呈，不胜枚举。

行书，又称“押书”，书体介于草书与楷书之间，它没有楷书的严谨端庄，也不如草书狂躁难辨，古人称它“非真非草”。行书用了一些草法，简化了楷书的笔画，草化了楷书的结构，看起来更加流动、率意、潇洒，是实用性和艺术性的完美结合，王羲之的《兰亭序》是行书的最突出的代表。唐代杰出的书法家颜真卿，不仅楷书称绝，行书的造诣也极高，其风格雄健刚强、气势磅礴，不追求雕琢之气，正渗透着他刚正的性格和豪放炽热的情感，代表作有《祭侄稿》《争座位帖》《刘中使帖》等。宋代要推举“宋四家”，苏轼、黄庭坚、米芾和蔡襄开启了“尚意”的一代新风。此后，元代赵孟　、鲜于枢并称“元代二妙”，明清行书高手层出不穷。行书可谓是最具可塑性和灵活性的书体，有隶行、楷行、草行之分，可以集多种形态于一身，表现出自然率真、生动流美的艺术风格，是既实用又美观潇洒的书体。

草书就是“粗略的文章”或“粗略的草稿”，书写快，较粗糙，书法家从粗糙的草稿中发现了美，就将其完善，逐步形成一种书体。草书分为章草和今草。章草是隶书的草体，隶书写得草率、简捷而成，其字形扁平，有波笔且字字分离，现存最早的章草作品是西汉史游的《急就篇》。今草流传更为广泛，既美观又便捷，逐渐代替章草。张芝将章草推上顶峰，更创造了笔势跌宕的今草，被尊为草书之祖。后世随之发展为三大流派：以张旭、怀素为代表的大草、狂草一派，气势磅礴、笔意奔放，有一种“笔走龙蛇”的形式美；以羲、献父子为代表的行草，潇洒流畅、古雅秀丽；以智勇《千字文》和孙过庭《书谱》为代表的草书，飘逸婀娜而又沉着刚健，历来多为草书入门临习范本。

3．书法艺术的特征

首先，中国书法史以传统汉字为表征对象。汉字的本源由象形开端，本乎自然而象其物宜，将自然实体浓缩简化成语义符号，属于衍形文字。发展到今天的汉字，已经是一种特殊的线型结构，呈方形空间。汉字的笔画和空间都被框在一个小方格内，也叫方块字，但其结构中所蕴藏的生机和活力却是无限的，它在笔尖从容有度的旋动下展示了一种不动声色的美，吐纳着生命的气息，这也是书法在中国传统艺术史上的特殊之处。

其次，中国传统书法需要特殊工具来写作，即“文房四宝”——笔、墨、纸、砚。宗白华曾提出，中国的字之所以能成为艺术，一是因为中国字起于象形，二是因为毛笔。毛笔作为一种特殊的书法工具，在春秋时期的楚国被称为“聿”、吴国叫“不律”、燕国叫“弗”，秦始定“毛笔”之称。毛笔构造也较特殊，《古今注》记载：“古以枯木为骨（笔杆），鹿毛为柱（笔锋），羊毛为被（副毫）。秦蒙恬始以兔毫、竹管为笔。①”也有以狼毫等为材料的兽毛制成的笔锋。中国书法素有“笔情墨韵”之说，墨为玄色，系五色之母，正具宇宙混沌之象。笔有轻重缓急，墨有枯润浓淡，笔墨之间，凝聚着宇宙之气。

最后，书法是一种视觉艺术，与绘画同属造型艺术范畴。书法艺术通过高度概括和抽象化了的线条来表情，书法的线条美主要表现在力度、动感还有节奏上。汉字的点、横、撇、捺、钩、挑，以及线条的流动、转折、曲直、顿挫等会形成

① 崔豹.《古今注》校笺[M]. 北京：线装书局，2015.

一种独特的视觉美。这些线条不仅是书家感情和气质的流露、娴熟技巧的展示，也是对客观事物形体美、动态美的反映，寄托着一定的象征意义。

（二）书法艺术的审美鉴赏

中国书法的基本艺术构成有四方面，即笔法、结字、章法、意境，这也是书法创作和欣赏的基本方向。

1．笔法美

书法之妙，全在运笔。“精美出于挥毫”，每一点画都有起笔、行笔和收笔，行笔“迟”可以体现重力美，“速”可以体现潇洒流畅之美。笔锋的运用，或方或圆，或提或顿，或露或藏，或翻或绞，会产生千姿百态的点画形态，有着不同的审美价值。中锋是书法传统的基本笔法，点画充实圆满，体现出浑融含蓄的筋骨美。古代书论家用筋、骨、血、肉来比喻书法线条是有生命的活体。笔力也是旺盛生命力的体现，有“力”才能使形象丰满、栩栩如生，犹如聆听贝多芬《命运交响曲》时音符踏在心口上的那种厚重却又虚幻的力量。秦代李斯讲求“急回”“疾下”，汉代蔡邕主张“力在字中”。字的线条一旦充满力量，生命感和美感就油然而生，这也是书法审美的重要标准。中国书法强调“一笔书”，行笔中的势态，时快时慢，或左或右，如同一股川流不息的生命气脉，笔笔相生、环环相扣，在静态中寻求到一种生动美。

2．结体美

“结体”，也称“间架结构”“布置”等。匀称、比例、和谐、节奏、虚实等都是汉字造型原则。宗白华提出点画的空白处也是字的组成部分，计白当黑、虚实相生，才是书法艺术之妙境。结体是书法作品的风格表现和审美特征。结体生于笔势，不同书法家的秉性气质不同，造成笔锋、笔势上的差异，就形成了个性鲜明的结体美。比如，颜柳楷书字体匀整、张弛有度，颜体书法中宫敞豁、笔力雄健、结体端庄，有恢宏之气；柳体则中宫内收、伸展雍容、气象森严，有廓大之风。书法结体之美还体现在动静相济，提笔用墨前求静，凝神静想，心正气和才能使翰墨入妙，随之化静为动，追求形神兼备的审美趣味。

3．章法美

章法，即“布局”，指处理字的点画和行列组合关系的技法。“一点成一字之规，一字乃终篇之准。违而不犯，和而不同。[①]”这两句话高度概括了书法在分行布白上的形式美，各行各字都要上下左右照应，“无笔笔凑合之字，无字字叠成之行”，构成生动自然、和谐统一的整体。一部完整的书法作品包括正文、款识、印记，要体现章法美，其排列有讲究。章法美体现了中和美，书法本身就云集了中国传统文化的旨韵，就像中国的太极拳亦强调中正美，身以端正为美，与书法一样追求动静相生、阴阳相济、连贯圆活的“中和”美。章法美也是综合美，欣赏一幅书法作品首先看到的是整体，从宏观着眼，作品所流露的气势和艺术构思就足以吸引观赏者。中国传统哲学主张“气化”观，认为宇宙万事万物都有元气，书法艺术是书法家气质的外化，字里行间的呼应伸缩、顾盼开合就使灵气流淌出来了。

4. 意境美

意境是中国传统美学思想史的重要范畴，也是书家追求的重要目标。书法意境产生于笔走墨运的性情中，由笔墨线条的“象”而起，又外接“造化”超越于“象”。

领略中国绘画艺术的意境美，须以绘画艺术特有的语言符号为入口。气韵生动的线条便是心之脉动、线之刚柔、字之敛舒险厉，都在一张一弛、一阴一阳中展示“无我之境”，线条墨象所表征的“性情哀乐”正是生命意识的体现。

（三）书法艺术与高校美育

1. 书法艺术的美育功能

书法美育在建构中国特色的审美教育体系的过程中具有独特的地位和作用，发掘和阐释书法艺术深刻的美学意义，充分发挥书法的美育功能，是高校美育的有效途径之一。

①书法美育能弘扬国粹。书法是我国独特的传统文化历史遗产，高校学生应该把我们的国粹传承下去，接受书法艺术的内在精神内涵，懂得书法之美，了解中华民族的民族审美特征和审美精神。

②书法美育能够培养和提高学生的人文素养。通过书法美育可以培养学生敏锐的感知力和丰富的想象力，能陶冶他们的情操，提高他们的修养。我们常常说的“字如其人”，就是习书造就的性格特征，习书可静心，养成严谨认真细致的

① 孙过庭. 孙过庭书谱 [M]. 北京：北京联合出版公司，2016.

好习惯，因此书法教育在构建人的完善的审美心理结构中发挥着重要作用。

③书法美育在提高学生审美能力的同时，能带给他们愉悦之情。通过对书法形式美、章法美、意境美的理解和感受，让学生认识到书法之美就来自生活的体验、集中和概括。

2. 书法美育的实施途径

首先，书法史和书法美学理论是书法教育的主要内容，只有让学生充分了解书法的渊源、历史，并掌握基本的书法美学思想，才能使他们认识到中国书法的博大精深。

其次，通过作家作品个案教学，让学生了解书法家所应具备的素质，以激发学生以此为榜样。对历代优秀作品的赏析和学习，可以使学生获得美的熏陶和美的享受，培养他们正确的审美判断力及高尚的审美情趣和品位。

最后，艺术的实践性很强，通过系统的技法训练，可以提高学生的书写水平，使他们深刻体会到书法艺术的真正魅力。

六、摄影

（一）摄影艺术概述

1. 生成

现代科技的发展催生了摄影这项艺术门类，1839 年法国人达盖尔（Daguerre）发明摄影术以来，无论在技术方面还是在艺术方面，摄影的发展速度都十分快，逐渐成为一门独立的兼具科学性与艺术性的艺术门类。摄影这门技术实用性较强，它应用广泛，适用于人类现代生活的各个领域，如科学实验、新闻报道和教育卫生等不同战线。摄影具有“决定性瞬间”的特征，能够最有力地表述时间，又凭借其空间造型的特征，成为除绘画、建筑、雕塑之外的又一造型艺术，其作为一种影像传播媒介，又可能与一切领域、任何人都密切相关。然而，摄影艺术将技术性与艺术性相结合，是出于审美需要，而不是为了应用到实践中去，因此形成了独具特色的审美特征和艺术表现方式。

在艺术应用方面，摄影主要有三个作用，首先是用于艺术创作，英国的雷兰德（Rejlander）拍摄的《生活的两种方式》于 1857 年在曼彻斯特艺术珍品展览中展出，成为最早的摄影艺术作品；其次是用于艺术品的翻拍和出版，法国的阿道夫·布劳恩（Adolphe Braun）于1862年前后开始拍摄卢浮宫、维也纳、佛罗伦萨、米兰、威尼斯、德累斯顿等博物馆的藏画；最后是作为画家写生的工具，法国印象派画家德加（Degas）、西班牙现代派画家毕加索，都曾用照相机拍摄了大量照片作为资料，然后根据照片作画。

2. 基本知识

摄影艺术是一门现代造型艺术，摄影者可以利用相机形象地反映社会现实生活、记录生活和自然，也能够表达人们的思想及情感。每一幅摄影作品都凝聚了摄影者的生活理想、审美观点与对其生活的爱憎评价，具有一定的认识价值和审美价值。正因为摄影具有这种独特魅力，所以它也是高校审美教育的形式之一，受到了高校学生的喜爱。

学生群体具有一项独特的“文化标签”——高校校园文化，这种文化氛围为高校校园独有，在高校校园生活中发挥重要作用。作为校园文化活动的组成要素，高校摄影教育和创作在建设校园文化的过程中具有自身的功能，能够化育人才、传播人类文化、创造时代文化。

自然科学和社会科学交融诞生了摄影艺术，摄影结合了科学和艺术，是人类依照美学创造万物的实践活动。摄影是社会化的艺术，它是社会现实生活的映射，能够形象地记录社会和自然现象、表达人们的思想感情。摄影形象真实、直观、可视，已成为人们在与社会进行联系、与他人交流思想和传播信息过程中使用的一种共同语言。作为一种技术手段，摄影在新闻报道、宣传教育、文化艺术、科学研究等领域都应用广泛，具有不可替代的作用。

在校园文化的参与性建设中，高校摄影创作活动本身及其成果起着越来越重要的作用。现代高校教育应充分把握并在校园文化建设中运用摄影教育活动的特点，探索摄影对校园文化建设的影响，使其在构建自身的同时，能够体现出校园文化与审美教育的完美结合。

3. 摄影艺术的分类

摄影艺术具有多样化的题材和样式，按题材来分，具有肖像摄影、生活摄影、风光摄影、舞台摄影、体育摄影、建筑摄影几类；按摄影的信号储存区分，具有模拟摄影和数码摄影两种类型；按感光材料和画面颜色区别，可以分为黑白摄影和彩色摄影；依摄影器材和技术来分，则分为航空摄影、水下摄影、全息摄影、红外线摄影等多种类别。

摄影艺术虽仅有百年历史，但发展迅速，在世界各国演变出了不同的风格与流派。绘画主义摄影在 19 世纪中叶起源于英国，很快流传到世界各地，成为摄影艺术史上最早出现、也最具影响力的一个流派。这一流派在创作上以绘画效果为目标，在形式上从构图布局到用光调影都严谨有序，曾风行一时。至今为止，纪实主义摄影仍是摄影艺术流派中最重要的一支。照相机能真实地还原客观事物的面貌，该派利用摄影技术的这一特点，强调摄影的纪实作用，注重对客观现实生活进行直观而真实的再现，崇尚质朴纯真的艺术风格。印象主义摄影体现了绘画艺术中的印象主义思潮，主张摄影艺术应能表现摄影者的即时印象和独特体验，讲究形式美和修饰性，希望摄影作品中具有一种朦胧的写意效果，尤其注重色彩与光线的呈现。超现实主义摄影属于现代主义摄影流派，其美学思想与超现实主义绘画的美学理论大致相同，在创作时常以剪贴和暗房技术进行造型创作，运用叠印叠放、多重曝光、怪诞变形、任意夸张等手法表现“超现实的神秘世界”。此外，西方现代摄影流派还有抽象派摄影、前卫派摄影等类型。

（二）摄影的基本特征

就创作而言，我们可以说是审美主体决定了审美对象的现实生成，对于摄影艺术也不例外，每一个美的瞬间的捕捉都是摄影者主体审美心理文化结构的一次展示，有什么样的审美主体心理文化结构，就会产生什么样的摄影作品。一个特定的主体，其审美标准是在大致相同的社会文化条件下形成的，所以在审美活动中的感受会表现出一种总的特征。摄影技术的审美观念随时代的变迁而发展，经历了从纪实艺术到抒情艺术、从瞬间艺术到时间艺术、从现实艺术到梦幻艺术、从再现艺术到表现艺术的发展历程。摄影技术呈现出多元化、多风格、多流派的发展趋势，这使其不再只是一种单纯的技术，而是一种思维方式和审美观念的变化。高校学生作为一个特定的审美主体，有其自身的特征，作为一个知识型的青年团体，高校学生对于摄影的审美感受所体现出来的特征也是多方面的。

1. 纪实性

相比于其他艺术门类，摄影艺术具有独特的审美特性，即纪实性。

首先，这种纪实性的表现之一在于摄影技术利用科学技术手段，能够形象、精确地还原被摄对象，让摄影作品更为客观与真实，使人体会到摄影作品的逼真。摄影脱离不了现实生活，照片又往往最真实地映射了生活实景。故而，摄影艺术的纪实特性决定了摄影作品能够直观展现客观现实生活。但它又不是单纯、机械地重现客观现实情景，而是通过作者的情感体验和艺术探索的审美创新，能动地创造出具有代表性的艺术形象。也许正因为相比于其他艺术门类，摄影艺术能使人在感性直观上更强烈地感受现实，所以往往会给人一种更真实、更可信的感觉。

其次，摄影艺术的纪实性还体现在它必须在现场直接拍摄被摄对象，如实地反映客观存在于现实生活中的人物、事件和环境。很多出色的摄影作品往往是摄影师抓住瞬间进行拍摄或抢时机拍摄出来的，这种记录性的拍摄方式能使人身临其境。相比之下，绘画和雕塑则无须现场创作，它们可以表现过去、现在或将来的事物，甚至可以表现存在艺术家思想当中但实际生活中没有的事物。

2．瞬间性

瞬间性是摄影艺术的又一个重要审美特性。摄影作品的成功与失败、美与不美，取决于多种因素，但是按动快门的时机往往是决定一幅照片品质的关键因素。由于任何一张照片都是通过按快门时的短暂瞬间来展现被摄对象的当下状态，但是按快门时不能保证所有的瞬间情态都具有美感，只有把握最恰当的拍摄时机和选择最美的瞬间情态拍下照片，才能使摄影作品成为艺术品，使其称得上是瞬间美的形象。摄影艺术创作具有其他艺术创作不可比拟的迅速捕捉审美对象形态的能力，进而使摄影艺术创作能够进行时间上的选择，这是由摄影艺术的另一特征——瞬间性所决定的。摄影艺术作品可以凝固稍纵即逝的瞬间，供人们长期欣赏与思考。它的审美意义在于尽管摄影艺术作品表现的是瞬间的审美活动，却能为下一步活动情节的开展留下空间进行审美想象。

摄影的瞬间性决定了人们可以通过摄影艺术创作提升自身的审美感知能力和审美判断能力。作为艺术美的摄影作品，它集中反映了人们的审美情感，是自然美和社会美的凝结与升华。审美情感是摄影作品的精华，也是摄影艺术创作的驱动力量。在摄影艺术创作中，摄影者会和被摄对象产生一种心灵的交流和情感的体悟，并将自己的审美情感“代入”被摄体中去，使其成为表现摄影者审美情感的载体，这是一个将审美情感转移为现实的过程。由此可见，审美情感在摄影艺术创作中具有十分重要的作用。

3. 艺术性

摄影艺术不但具有纪实性，还具有艺术性，杰出的摄影作品必然完美兼顾了纪实性与艺术性。

摄影师创造摄影艺术形象首先需要熟练掌握摄影的艺术语言及技巧，熟练运用画面构图、光线、影调（或色调）三种手段设置造型。画面构图就是通常所说的取景。摄影作品的画面一般由主体、陪体和背景三部分构成，画面构图就是要将这几部分元素进行有机的组织，使之形成一个艺术整体。摄影构图方式多种多样，有水平式构图、垂直式构图、对角线构图、十字形构图等多种方法。摄影用光简称用光，指在拍摄被摄对象时运用各种光源进行照明，以实现最大化的造型效果。摄影用光具有正面光、侧面光、逆光、顶光、脚光几种类型，在具体拍摄时灵活运用几种用光方式，可以使画面的立体感更强，营造氛围，烘托主题，使作品更感人、传神，也更具有魅力。影调和色调也是摄影艺术造型手段的重要组成部分，影调是指黑白照片上展现的明暗结构，色调是指彩色照片上色彩的对比度与和谐性。影调和色调经过艺术处理后，可以产生影调层次、影调对比、影调变化和色彩变化、色彩反差、色彩和谐等多种艺术效果，使摄影作品的情感色彩更为浓郁，同时也更富有张力。

其次，摄影师在熔铸主观情感的过程中也体现了摄影的艺术性。艺术家的思想情感和艺术创造力需要摄影作品通过光、色、影等元素来体现，因此摄影师对所拍摄的人物和景物必须具有深厚的情感，只有这样，才能使拍摄出的作品具有感人的艺术魅力。

4. 象征性

符号语言的某些特性也可以在摄影图像中体现出来，摄影图像同样具有相应的象征意义，因此摄影师可以根据受众的生活和文化视觉体验运用摄影艺术的象征性，传达必要的抽象概念。摄影图像除了能对客观形象进行准确无误的再现，也能够利用图片激发人们联想的特性，通过暗示、象征和比喻等表达方式，运用事物所具有的象征属性表示比较抽象的概念。只有在特定的文化环境中，图像的象征语义属性才能实现其作用，否则信息传达的过程中就容易出现障碍，即出现让人误解或者不能理解的现象。

（三）摄影的功能

进行高校摄影美育，可以使学生的思想品德得到提升，学生参与摄影艺术实践，深入生活采风，积极拍摄优秀的摄影艺术作品，不仅能对当地的风俗、民情、地理更为熟悉，还能更深切地体会到社会的发展与变化，从而促使学生形成积极的人生观。摄影美育不仅能完善人性、充实人心，而且能使人充分运用所得经验，从而更为理解社会生活。摄影美育能够增进人际交往与经验交流，它以一种特殊的方式沟通人们的思想与情感，使自我表达的内涵更为丰富，在纷繁复杂的信息世界中，摄影美育还能够帮助学生探索、理解和接受新的事物。

总的来说，应用于人类社会生活各个方面的摄影具有三方面的功能：认识功能、教育功能和审美功能。

1. 认识功能

摄影具有认识功能，是由于它记录了自然和社会现象，使人们能突破时空的限制对自然和人类社会有一个客观认识。摄影可以将人眼看得见或看不见、看不清楚的事物记录下来，因而能够揭示未知事物。比如，显微摄影可以观察到昆虫的复眼、遥感摄影可以勘测地球的资源、水下摄影则可看到海底的生物……直接地摄取图像和真实地拍摄图片使摄影具有实证功能。

2. 教育功能

摄影不仅能如实地将自然和社会现象记录下来，还能在记录过程中对拍摄者的思想情感进行传达，通过选择不同的角度、光线、瞬间及聚焦方式倾诉情感，还能够配合图片的文字说明或标题予以表达，以表现拍摄者对于自然及人生的看法与评价，能够教育摄影作品的观赏者。

通过形象的画面触及人的内心、激发人的情感，能够有力地发挥摄影的教育作用，进而提高观赏者的觉悟和认知。部分摄影艺术作品并不能直接发挥教育作用，而是在人们愉悦的欣赏过程中间接实现其教育功能。如风光作品、静物作品、人像作品等，有些表面上看来只具有纯粹的形式美感，但它注入了作者的满腔热血，画面既具有陶冶情操、寓教于乐的作用，又蕴藏了深厚的内涵。

3. 审美功能

在内容上，优秀的照片将具有审美价值的事物及摄影者对事物的审美评价映射其中；在形式上，精良的照片符合美学标准及人们的审美要求，可以提高人的审美趣味和审美能力。

照片中展现出来的美可以具有优美、崇高、悲剧或喜剧的特征。例如，黄翔的《黄山雨后》描绘了黄山特有的奇松与怪石，画面具有中国水墨画空灵、简约的艺术特征，给人以美的享受。优秀的摄影作品既能反映是非曲直的客观事物本身所具有的美感，还能反映作者的拍摄构思与技巧，使观赏者体会到美的愉悦。

（四）摄影艺术的审美指导

1. 如何进行摄影艺术教育

想要让学生完成既定的摄影学习目标，应在摄影基本理论、摄影技术技能、摄影艺术思想、人文精神体现等几个方面设立不同的标准，同时强调融会贯通所有要求。所有艺术手段都是为表达思想、为内容而服务的。摄影技术的发展使得相机与感光材料不再是摄影技术的重要组成部分，拍摄者的思想与情感成为评价摄影技术水平的重要标准。艺术不仅是书本知识，更重要的是亲自动手实践，去感悟、体验艺术。摄影艺术教育应注重培养学生的动手操作能力，要让学生把摄影艺术教育融入生活中去，把其当作是一种文化经历，而不是简单的一门课程。

学生对事物的观察能力、对问题的分析能力，以及丰富的生活阅历和经验、艺术修养与美学知识、对拍摄技术的掌握程度能够决定摄影作品的创作个性。在摄影上有所成就的学生其重要经验就是学会观察。学生理解照片应有的价值追求后，就可以学习如何观察、摄取周围世界中的美好事物，形成自己的方法和见解。从审美的主观感受上欣赏摄影，因摄影审美为多维审美素质的融合，所以审美主体能获得生理和心理上适度的审美享受。富有灵性的照片常常会带领学生进入一个美妙的世界，使他们无限遐想。学生只要对摄影艺术本身固有的特点和技术加以掌握和利用，发挥自己的创造性来构思摄影作品，就可以完成优秀的艺术创作。

2. 怎样欣赏摄影作品

（1）神形兼备的人像摄影

人像是摄影艺术的重要题材，人像摄影以个别的、具体的人物为内容，表现人物的外形美、心灵美及人的社会气质和内心世界，通过人的面貌来揭示生活。

人像摄影的美贵在传神，人像摄影者要调动外在的、可见的形体因素来传达人的内心情感和精神境界，开启窥见人物内心世界的窗户。

①眼神：人的眼睛是人内心世界的晴雨表，人的喜、怒、哀、乐都会从眼神中透出信息来，所以人像摄影审美要善于抓取流露人物内心情感的眼神，来理解人物的性格。

②手势：手势这种形象语言是人像摄影中的主要组成部分，它能使人物的职业特征和性格特征展现出来，巧妙地传达出人物的特定情绪。

③姿态：用姿态来表现一个人的风度、气质是十分有力的。如摄影作品《芭蕾舞演员》中，演员站在练功杠旁，忙碌暂歇的身姿，静中寓动，表现了女演员柔中带刚的气度。

④环境：在一定的典型的环境背景中拍摄人物，有助于对人物形象进行刻画。

（2）壮丽秀美的风光摄影

风光摄影把大自然和人对自然的改造成果作为素材，包括自然风光、城市风光、农村风光等多种元素。一幅好的风光摄影作品，不仅需要表现自然的美，更需要表现人对自然美的感受，表现作者浓郁的感情色彩和审美情趣。作品中的自然，是人类创造的自然，包含着生命的跃动和强烈的情感。所谓情景交融，就是作者选择、提取、组合、调配风光景物，再现作者对自然美的感受和情意的过程。

有的风光摄影作品重在壮美，这些作品常常从大处落墨，气势磅礴；有的风光摄影作品着重于秀美，重在表现自然的神韵，这些作品的作者在处理景物时，常常从小处着眼，一亭一桥、一条曲径小道、几株柳暗花红、水边倒影，以具体景物的形体线条为主，清新幽雅；有的风光摄影作品重在意境美，它不求写实，常常舍弃景物的清晰形象，质感和立体感都不重视，却强调一种气氛。

七、综合艺术

综合艺术综合了整体优势，运用了多种艺术形式，是用视觉与听觉同时感受、观赏的艺术类型，主要有戏剧、电影与电视艺术等，网络艺术是新生的一种艺术形式，集合了影视艺术的优点，又具有自身的特点，因此网络艺术也可以划分为一门综合艺术。综合艺术是文学、表演、音乐、舞蹈、绘画、建筑、工艺、科技等多种艺术、科技的传播媒介和表现手段的汇聚，它按照美学规则，进行艺术形象塑造的创新，展现审美意识，是多种艺术因素和科技手段的结合，因而能发挥综合性、多维性的审美效应。

（一）戏剧艺术

1. 概述

（1）什么是戏剧

戏剧是一项综合艺术，融合了文学、美术、表演、音乐、舞蹈等多种艺术门类。它通过组合语言、动作、场景、道具等元素及编剧、导演、演员的共同创造，把生活中的矛盾冲突强烈、尖锐而集中地再现于舞台之上，使观众犹如身临其境，获得形象、具体、生动的艺术体验。戏剧表演通常需要经历编剧创作戏剧剧本、导演指挥排练、演员台上表演三个阶段。戏剧综合了剧本、表演、音乐和舞台美术等多种艺术成分，而使一出戏剧得以构成的基本要素是演员、剧本、观众和使戏剧得以实现的剧场。

戏剧由舞台说明、戏剧冲突、人物台词等几大要素构成，其基本要素是矛盾冲突，以具体的舞台形象为媒介再现社会斗争，能引起观众强烈的情感反应，实现社会教育的目的。冲突作为矛盾斗争的一种体现方式，主要通过人与人之间的冲突表现先进与落后、进步与保守等矛盾。相比于生活矛盾，戏剧冲突应更富有强烈性、典型性、集中性和戏剧性。台词是剧中人物的语言，它具有个性化和动作性的特点，即人物的语言与其行动相连接。对话、独白、旁白（登场人物离开其他人物向观众说话）、内白（在后台说话）、潜台词（言中有言、意中有意、弦外有音，它实际上是语言的多义现象）等都是台词的表达形式。幕，即拉开舞台大幕一次，一幕是一台戏剧中较完整的一段。场，即拉开舞台二道幕一次，它是戏剧中较小的部分。舞台说明是为让导演和演员掌握剧情，对演出进行的注意说明与提示，说明的内容包含时间、地点、人物、布景、登场人物的动作和表情、登场人物上场下场的时间、开幕和闭幕的时间等多项元素。

依表现手段来分，戏剧具有话剧、歌剧、轻歌剧、戏曲、诗剧、舞剧、哑剧等多种类型；依作品的样式类型来区别，可分为正剧、悲剧、喜剧、悲喜剧四种类型；根据作品容量大小进行区分，有多幕剧和独幕剧两种类型；按题材不同，可以分为历史剧、现代剧、儿童剧三种类别。

（2）什么是戏剧美育

人们创作、表演和观赏戏剧的过程，都是戏剧美育展开的过程。在这个过程中，人们从审美需要出发，进行审美创造或审美观照，从而表现审美情感、美善相乐并得到心灵的陶冶、人格的养炼。戏剧的美育任务在于从作品表层的审美形式出发，体验其情感，领悟其审美理想。

由于戏剧是在特定的时间、规定的地点进行的艺术，其终极创造和欣赏是同时进行的，所以戏剧美育有直接的感染性和判断的即时性等特点。戏剧将人类的生存状态直观具体地展示出来，处于一种似乎永恒的现在时态中。事件过程，人物的性格、遭遇和命运都直接展示在观众面前。动态直观的戏剧情景所释放出的情感能直接打动观众，不需要观众再通过想象去描绘情景图画。同时，观众对戏剧的理解是在观看演出的当时就立即发生的，能迅速地将爱憎情感转化为是非判断，从而产生褒贬之念。

2. 戏剧的审美特征

（1）综合性

综合性是戏剧最本质的审美特征。戏剧艺术发展到今天，已经成为一门独特的综合艺术，它综合了音乐、舞蹈、美术、建筑、工艺、文学等诸多元素，形成一种新的复合体。在戏剧中，这些元素在一定程度上取消了它的独立自主性，只作为一种艺术因素化为戏剧构成的一个有机组成部分，共同实现戏剧的审美功能，体现出更强的艺术表现力和更大的艺术感染力。同时，戏剧也是编剧、导演、演员和观众的创造性综合，编剧对于剧本的完成是“初创造”，导演和演员的排演就是完成戏剧的“再创造”，观众的欣赏则是“三度创造”，而且只有这个“三度创造”的完成，才能真正使戏剧艺术成为现实的舞台艺术。这种综合意味着戏剧艺术要有多种创造主体的主动参与和积极协调，才能使剧场成为特殊的高强度的审美空间，产生强烈的美感效应。

（2）冲突性

戏剧的基本要素是矛盾冲突。戏剧是在特定的有限的时空中向观众反映尖锐的矛盾冲突，展示丰富的现实生活，因此就需要选取现实生活中的矛盾树立典型，形成具有戏剧性的强烈冲突，并将情节展示和人物塑造融入表现冲突的过程中，把矛盾冲突串联情感发展的全过程。

由于篇幅和演出时间会对剧本形成限制，因此必须凝结和提炼剧情中反映的现实生活，使之符合舞台演出的标准。戏剧冲突形式多样，个人与个人、个人与群体、群体与群体、个人或群体与社会或自然之间都可能出现矛盾冲突，人物的性格也会造成内心世界的矛盾冲突，即复杂的人物与自我的冲突。

在戏剧中，矛盾冲突是靠动作来展开的。动作一般有外部动作和内部动作两种形式。外部动作主要是指演员所表现出来的可见的形体动作，是对人的行为的模仿，包括舞台上演员的行为举止和语言。它可以推动剧情的发展，激化矛盾冲突，展现人物的性格。内部动作是指人的内在心理情感和意志冲突，即内心活动，包括动机、意志、情绪和情感等。内部动作的主要功能不仅在于推动剧情发展，更在于揭示人的精神面貌和性格特征，可以让观众最直接、最迅速地洞察到剧中人物的内心世界。这两种动作分别体现了戏剧的冲突形式，即人与人、人与环境的冲突或人自身内在情感的纠葛。外部动作会体现内在的心理矛盾，而内在动作也会外化为外在的行为冲突，从这个意义上说，没有动作就没有冲突，没有冲突就没有戏。

（3）表演性

戏剧是由剧作者、导演、演员和观众共同完成的，但是戏剧的基础却是演员的表演，即演员按照剧本和导演提供的规定内容，运用戏剧的语言和动作来完成艺术形象的塑造，表现某一特定的主题。戏剧是需要一度、二度甚至三度创作的，而演员的二度创造是最重要的，它连接着编剧的一度创造和观众的三度创造。演员的表演要根据编剧和导演的意图，在充分理解剧作后，将自身代入剧中的角色中，并以人物的身份和面貌进行思考或行动，去创造出一种与演员本身并无联系的“剧中人生活”，最终将高度集中的舞台上的现实生活展现给观众。戏剧表现出尖锐、激烈、紧张、集中的矛盾冲突，而这些矛盾冲突是通过演员出色、逼真的表演而体现的，这样就能达到扣人心弦的艺术效果，从而使观众产生强烈、直观的审美感受。

表演是在舞台上进行的，是当众发生的，演员的表演过程就是观众的欣赏过程，因此戏剧所产生的审美效果是直观的。同时，舞台是有限的，由于时间和空间的限制，戏剧演出要求戏剧中的人物、事件、环境都要高度集中。

3. 如何实施戏剧美育

（1）戏剧美育的内容

戏剧美育的内容主要包括两个方面，一是掌握戏剧的一般知识；二是对具体戏剧的欣赏。在欣赏戏剧之前我们应该了解戏剧的构成、各种形式和体裁的戏剧的不同特点和风格、戏剧发展史上重要作家的作品及戏剧的研究理论。对戏剧一般知识的学习是为了更好地欣赏具体的戏剧作品，只有完成了对戏剧的欣赏，戏剧的美育作用才能得以发挥，情感也得以“净化”。我们在欣赏戏剧时，不但能欣赏戏剧性的事件，还能感受到艺术家的创造性和技巧，如演员的表演技巧、导演独具匠心的场面调度、舞美的象征意蕴等。

（2）戏剧的美育功能

戏剧让观众直接看到演员的创造过程，看到现实般的矛盾冲突，看到人物的命运遭遇，并由此即时体验和参与，因而具有特殊的美育功能。

戏剧把现实生活场景搬到舞台上，将之夸大和集中，供人们鉴别和评价，实质上，戏剧演出是把剧作者和导演对社会行为准则的认知传达给观众，起到思想交流的作用，而这种作用一方面在于鼓励效仿，另一方面为观众提供了面对社会生活应采取的行为准则。这样的美育效果是因戏剧的感染力而使剧作者和导演对社会普遍感情和行为规范的认知在观众身上得到内化而实现的。

剧场是一个特殊的审美场所，它使得戏剧的表演和观众的欣赏同时进行，因此戏剧有培养人感受美、理解美、判断美的能力的共时性效应的功能。不过，由于观众在观看戏剧时也是对戏剧再创造的过程，不会完全跟随剧作者、导演和演员的意图，会因为各自不同的文化修养，得到不同的社会认知和情感体验，也会有自己的思索和判断，因此感受力、观察力、理解力是同时被加强的。

戏剧还能培养和提高人们的审美创造力。舞台提供了丰富的认知材料，虽然创作者总是力图使观众的认知“焦点”与舞台上演出的“焦点”趋于一致，总是希望观众所看到的就是他所要传达给观众的信息。但是观众面对舞台不是完全按照创作者的意图来获得信息的，他们对信息的选择自由度较大，可以按照自己的知识积累和兴趣爱好来进行观察和感受，并通过想象、联想去丰富与补充，对剧作进行再创造，不仅具有更大的欣赏主动性，也培养和提高了他们的审美创造能力。

（3）校园戏剧美育的开展

在学校，戏剧美育主要是通过学校的课外活动和选修课程来进行的。高校学生都有自己的社团活动，校园剧社也是其中之一。校园剧社不但能让学生更多地接触到戏剧这一艺术形式，也能让学生在文学、表演、绘画等具体艺术门类中得到锻炼，并且校园剧社演出的剧目大多是学生原创，更贴近学生的生活，更能感染学生。而选修课程让对戏剧有兴趣的学生在老师的指导下更多地了解戏剧的基本理论知识，能够更好地理解经典名剧。

（二）影视艺术

影视艺术之所以具有极高的审美价值，是因为它使文学、音乐、戏剧、舞蹈、建筑、摄影及光、色、声、电等一系列艺术元素与高科技成果完美交融，并呈“喷射”状态向受众提供信息。所谓“喷射”状态是指影视作品在同一时间内，能使各种信息一起传递出来，而不像传统艺术那样，是单通道地传递信息给受众，也就是说，观众在观看影视作品时可以耳目并用，调动全身各种感知能力，对影视作品进行最大程度的品析。通过这种艺术鉴赏的过程，高校学生自身的审美情趣和审美境界可以不断提升，在精神、思想、身心乃至知识与信息等方面也会收获颇丰。所以，欣赏影视艺术作品，对提高高校学生综合审美能力具有十分积极的意义。

1. 影视艺术审美与鉴赏

（1）影视艺术鉴赏的缘起

人类最初的艺术鉴赏活动起源于对“大自然”的鉴赏，那时，大自然的山川湖泊、风雨雷电、日月星辰，乃至一花一草、一树一木都是古人鉴赏的对象。我们的祖先曾惊异于山川大海的壮阔、风雨雷电的不可预测、日月星辰的变幻莫测、花草树木的鲜艳葱郁，他们对大自然的鬼斧神工是那么的顶礼膜拜，他们对美的感受是那么的原始和质朴。由于那时的语言还未产生，文字还未出现，所以那种对美的惊异与崇尚只能在他们的心底荡漾。人类有意识、有目的、有记载的艺术鉴赏活动是从各种门类的艺术样式开始的。人们在劳动中创造了歌谣；在狩猎活动中模仿各种动物的动作创造了原始舞蹈；在观察大自然的一切风景中创造出了原始绘画……从那时起，有关人类进行艺术鉴赏的传说和文字史料就被陆续地流传下来了。

影视艺术的出现，改写了人类艺术的发展历史，改变了人类原有的艺术格局，为人类的艺术园地增添了一朵艳丽的奇葩。影视艺术是电影艺术和电视艺术的合称，是人类艺术群体中的一个重要的分支和门类，较之其他艺术形式，它产生的时间比较晚。电影艺术诞生于19世纪末，卢米埃尔兄弟于1895年在法国巴黎的“大咖啡馆”放映了自己拍摄的电影《工厂的大门》《火车进站》《水浇园丁》等，虽然这些影像就像日常生活的画面一样，还谈不上什么艺术成就，但这标志着电影的诞生。到了20世纪中期，被称为“第七艺术”的电影艺术才开始超过其他艺术门类，成为20世纪上半叶人们普遍参与的经常性艺术鉴赏活动。电视艺术的产生比电影艺术还要晚一些，20世纪20年代末英国电视工程师贝尔德（Baird）和英国广播公司合作，制作出了人类第一部可以将声音和画面配合起来向外传播的电视艺术片《叼花勇士》。1936年11月，英国广播公司在伦敦亚历山大宫建成了世界上第一座公共电视台，标志着电视艺术的辉煌时代已经到来。电视艺术自诞生之日起便迅猛地发展并壮大，于20世纪中后叶超过了电影，成了最受欢迎的大众传播艺术形式之一。

可以说，电影艺术和电视艺术对人类艺术领域的贡献是巨大的，它们在某种程度上改变了人们的生活方式，无论在什么样的社会形态中，都无法消除影视艺术在现代人心目中的艺术位置、生活位置和社会位置。影视艺术鉴赏代表了人类艺术鉴赏的现代文明水平，它是人类艺术鉴赏的现代峰值线，随着人类科学技术的发展，它将更加显示出前所未有的勃勃生机。

（2）影视艺术鉴赏

①影视艺术画面语言。画面是构成影视艺术语言的视觉元素，是影视艺术语言叙事的基本特征之一。画面语的叙事，对于影视艺术作品来说是非常重要的。说到画面，就离不开构图，构图是一个绘画艺术用语，其在《辞海》中的解释如下：为了将作品的主题思想和美感效果表现出来，艺术家在特定的空间中统筹安排人、物的关系和位置，将个别或局部的形象进行组合，形成一个艺术整体。这个定义虽然是针对绘画艺术的，但是在影视艺术画面中也牵扯到人、景、物的最佳布局方法，因此我们可以把绘画领域中的画面构图方法借鉴到影视艺术创作中。影视艺术中的画面构图包括点、线、面、形、体等视觉要素，遵循对称、平衡、黄金分割比、空间、色阶等构图原理。影视艺术构图常见的有横线构图、斜线构图、对角线构图、十字构图、圆形构图、对立构图、梯形构图等。

在影视艺术画面语言中，除了构图，还有一个重要的因素就是色彩。在早期的黑白电影时代，其画面色彩语言虽然是单一的，但话语却是丰富的，那些由高光、侧光和背光所勾勒、塑造出的影视艺术人物形象，同样具有强烈的视觉冲击效果。尤其是在一些历史、战争题材的影视作品中，通过黑、白、灰色调的对比，更容易唤起人们潜意识中似曾存在的历史久远感、沧桑感。可以说，黑白电影的艺术魅力是独一无二的，它以一种苦难美、悲壮感、斗争美，激起受众的共鸣，又以其梦幻美、浪漫美和忧伤美表现出了深厚的人文主义精神。20 世纪 70 年代以后出现了彩色电影。与黑白电影不同，彩色电影大量运用了复色和色块，其画境更加接近生活，更多地表现为世俗美、现实美和亲切感。

最后，我们来说说影视艺术语言的空间美。在绘画语言中，空间美通常也叫作“空间感”。在影视艺术画面语言中，空间美也有三种名称，有人称其为纵深感、有人称它为远近感，而比较专业的说法是“景深”。我们说的空间美，是指影视艺术画面语言提供给鉴赏者一个被表现的对象位置恰当、距离清晰、大小分明、远近效果良好的审美感受。中国人无论是欣赏绘画作品还是欣赏影视作品，都讲究“意境”。那么，在影视艺术作品中怎样才能达到有意境的效果呢？镜头拍摄机位越是升高，其意境越是深远宽广，如果摄影师能恰当运用前景、中景和后景的空间关系，就很容易给受众造成“曲径通幽”的空间美感。

②影视音效艺术。声音是现代电影表现手段的一个重要组成部分，它与视觉画面一起构筑了银幕空间，推动叙事，完成艺术形象的塑造。通常，电影艺术中的声音可以分为人声、音响和音乐三种类型。

人声。在影视作品中，人声主要由对话、独白、旁白构成，每个角色的年龄、性别、气质和性格各不相同，其声音的音色、音质和力度都有自己的特点，这就对演员的声音造型能力提出了较高的要求。另外，不同影视作品的类型、样式、形态具有不同的艺术风格，而这种风格与人声有一定的关系，如在动作片、言情片、纪实片和动画片等作品中，其声音处理方式是完全不同的。

音响和音乐。音响是指影视作品中人与物体运动所产生的声音及所有的背景和环境声音。音响主要有自然音响（风雨雷电、水声、脚步声等）、机械音响（轮船、飞机、火车等的声音）、社会环境音响（闹市区的人声、电视放映的声音等）、特殊音响（电子合成音响等）。在影视作品中，可以通过音响的效果最大限度地还原自然界和社会环境的声音，还可以利用电子合成的音效达到某种特殊的效果，如恐怖悬疑片中特殊的音乐等。音响在塑造人物特别是刻画人物心理时可以起到强化或烘托人物心理的作用，如用时钟放大的特殊声音效果来反映人物内心的紧张恐惧感。

2. 影视艺术的基础——蒙太奇

蒙太奇原是建筑学上的用语，意为装配、安装，影视艺术中的蒙太奇指的是影视创作中剪辑的排列与组合，即狭义上所认为的画面、声音、色彩等诸多元素的编排组合；广义上的蒙太奇是一种创作方式，是艺术家艺术思维方式在电影创作整个过程中的展现。通过蒙太奇的方法可以把两个毫不相干的画面组接在一起，从而产生意义。在电影史上，格里菲斯（Griffith）是最早自觉使用蒙太奇手法的导演，以苏联导演爱森斯坦（Eisenstein）为代表的蒙太奇学派将蒙太奇发展成了一套完整的电影理论体系。蒙太奇具有叙述故事、表达情感、阐述思想等功能，它的类型主要有平行蒙太奇、交叉蒙太奇、重复蒙太奇、隐喻蒙太奇和心理蒙太奇等。

总的来说，影视艺术语言就是以画面、声音为表现媒介，由蒙太奇、长镜头等手段来组织荧屏、银幕上视、听形象的总和。影视艺术语言的多样性也导致了其美学特征的复杂性和丰富性，正是由于影视艺术自身独特的美学特征，使得影视美育成为当下校园美育的重要手段。

（1）电影艺术

电影作为“第七艺术”，是所有艺术中最年轻也最有活力的一门艺术，它是以现代科学技术为基础，吸收了其他各门类艺术的审美要素而创立的综合性艺术。电影艺术发展到今天，大致经历了三个阶段。

第一阶段，从 1895 年电影诞生到 1927 年为电影艺术的形成时期。1895 年，法国的卢米埃尔兄弟在巴黎的“大咖啡馆”放映了他们自己拍摄的电影，标志着电影的诞生。1915 年到 1916 年，美国电影导演格里菲斯拍摄了《一个国家的诞生》和《党同伐异》，这两部电影的出现标志着电影成了一门独立的真正的艺术。

第二阶段，从 1927 年到 1945 年第二次世界大战结束为电影艺术的成熟阶段。在这一阶段里，出现了声音、色彩，出现了宽银幕、变焦距镜头、高感光度胶片等，并且诞生了蒙太奇艺术。

第三阶段，从 1945 年至今是电影艺术的发展阶段。现代电影随着高科技的发展，摄影、录音、放映技术都得到了迅速提高，塑造人物形象、表达思想和再现生活场景等方面都达到了高超的水平，逐渐成了人们生活中不可替代的且深受大众喜爱的艺术门类。

（2）电视艺术

19 世纪末的工业和电子改造促进了电视的诞生，电视技术因其声像具备的优点普及到了全世界。虽然到了现在，网络技术的应用和普及给电视艺术造成了不小的冲击，但不可否认的是，在如今的信息社会，电视仍是我们生活中的重要组成部分。

电视艺术是继电影艺术之后诞生的一个新兴艺术门类，具有多种功能和属性。一般来说，除新闻信息功能、文化娱乐功能、社会教育功能和社会服务功能这四种作用与功能外，电视还具有其他功能。但是，电视的新闻信息功能、文化娱乐功能最为重要，占据了观众绝大多数的电视观看时间。尤其是“影视剧类”“娱乐综艺类”和“音乐戏剧类”电视节目占据了受众几乎半数的电视观看时间，可见电视艺术的巨大魅力。

在工业社会时代之前，人类“和平”而“惬意”地栖居在大自然的怀抱中，大自然以其“美”的形式平等地与人类对话。栖居在大自然中的人类充分享受着自然给予他们的丰富多彩的天然财富，并用自己的智慧来创造劳动工具和劳动产品，从而满足自身的生存及审美需要。那时的人们，物质生活虽不发达，但却活得单纯而宁静。

产业革命之后，人类开始摆脱自身与自然之间存在的天然联系，以技术为驱动力的“人化自然”的开拓阶段到来，人类社会从此进入了一个“技术拜物”的时代。随着 20 世纪末信息革命的到来，人类进入视图时代，人们对技术的崇拜逐渐转为对媒体的崇拜，于是，“技术拜物”逐渐变为“传媒拜物”。

当下的电视媒介通过先进的镜头、编辑、电子技术可以使大量的电视节目具有更为逼真的形态、更加优美的画面及离奇出彩的情节。于是，我们可以发现，非自然景象的广告、新闻、娱乐节目或是电视剧的数量逐渐增多，这些景象大多给人造成“光怪陆离”的视听效果，在无意识中培养了受众的“虚假视听”，在这样“真真假假”的视听氛围下，容易使我们逐渐丧失对原生态视听的欣赏能力。

3. 影视艺术审美主体的特征

关于审美，席勒曾有这样一句名言：“只有审美的心境才产生自由，显而易见，这种心境不能由自由产生，因而也不能由道德起源。它一定是自然的赠品，只有偶然的星云才能摆脱自然状态的羁绊，使野蛮人走向美。①”很明显，这里的“自由”和“自然”是指具有生活气息、人性光辉的美育环境。美育的根本目的就是使人返璞归真，找到最佳的生存状态。

影视的艺术语言独具特色，它的表述如同生活一般是具有声音的动态形象，因而审美主体玩味、领悟影视艺术之美的过程即影视艺术的审美过程。下面，我们来对高校学生这个特殊群体的影视审美特征进行分析。

（1）高校学生影视审美的选择性

高校学生影视审美的选择性是指高校学生会有目的地选择和区分对待不同的影视审美对象。

①七层人格需要。人对影视美的需求与欲念（主体在观照影视对象的过程中体会和享受到的作为自由生命的快乐的欲望和冲动）会驱使人们进行影视审美。著名人本主义哲学家马斯洛将人的需要抽象为一个从低级向高级递进的梯形模型，这个模型有七个层次：生理的需要；安全与保障的需要；爱与归属的需要；获得尊重的需要；自我实现的需要；认识和理解的需要；对美的需要。人们的满意度会随着基本需要层次的提升而逐渐减少。前六种需求满足得到之后，高校学生自然会把精力投向最后一种需要，即最高需要——对美的需要。影视审美价值只有对具有审美需要和审美能力的人来讲才有意义，才真正是价值存在。在影视审美中，高校学生主体同样以自身存在为尺度，即根据主体的影视审美需要和能力来确证影视的审美价值。

②对电影、电视两种艺术形式审美的选择性。电视和电影艺术都同属于视听艺术门类，但是两者具有明显的差别。电影艺术通过电影技术手段，把画面和音响作为媒介，在银幕上塑造形象，复刻和展现多姿多彩的现实生活。电影艺术是文学、摄影、绘画、建筑、书法、戏剧、舞蹈、音乐等多种艺术形式和现代高科技的结合，它给受众带来了独特的美学体验。而电视艺术（一般称为电视剧艺术）不仅具有电影艺术所具备的综合性，还因为自身的技术和艺术特性与观摩方式，使其语言使用具有生活化和艺术化的特征，在这方面，电视艺术与话剧或者评书艺术类似。与在电影院集体观摩影片相比，电视剧往往是以家庭为单位，在家中

① 席勒．美育书简[M]．徐恒醇，译．北京：中国文联出版公司，1984．

观看的。因此，高校学生的艺术审美方式一般有两种：一是在大剧院观看电影，二是在家中或者寝室观看电视剧。除了对电影和电视剧这两种艺术形式进行选择外，还可以鉴赏评析影视艺术的品位和艺术类型。艺术品位和类型的不同、影视艺术美学流派的不同会使高校学生得审美感受产生差异。尽管影视作品具有不同的种类，但不管是喜剧片、悲剧片、恐怖片、伦理片、情感片、科幻片、动画片、美术片、纪实类影片，还是先锋派影片，都能在高校学生这个群体中找到忠实的受众。

（2）高校学生影视审美的独特性

①高校学生审美心理的独特性。高校学生的心理特征主要为：有理想、有追求，思维活跃但比较叛逆，要求思想和行为两方面的独立。高校学生的需求繁多，如追求知识、追求感情、追求实现自我等，在众多需求中，这个特殊群体对美的追求尤为强烈。欣赏影视艺术是追求美的一种表现，但是高校学生影视审美需求的合理性和影视审美行为的非理性也会出现矛盾。比如，在影视鉴赏当中，许多高校学生只追求影片形式上的审美，追求潮流，追捧好莱坞大片或大牌演员加盟的影片，却忽视了那些制作成本低但内容的艺术性较高的影片。要想使这种现象不再出现，就必须提高高校学生的影视鉴赏能力。

②高校学生影视审美价值追求的独特性。高校学生具有成年人和学生的双重身份，这决定了他们的影视审美价值在于融合渗透艺术价值和教育功能。影视艺术首先应该具备美的特征，只有这样，影视作品的情节才能够吸引高校学生，同时，影视艺术对于高校学生这个群体发挥着独特的美育功能。优秀的影视作品应该是艺术价值和教育功能的聚合体，能够使人感受形式的美感，提升自身的知识修养。歌德说过，“鉴赏力不是靠观赏中等作品，而是靠观赏最好的作品才能培养成的。①”我们认为，高校学生应该观看一些经典的优秀的影视作品及多媒体影视艺术作品。另外，教师也可以鼓励有影视艺术创作才能的学生展示自己的创作能力和才华，编导一些学生喜闻乐见的影视艺术作品。

（3）高校学生影视审美的趋势

①多元化趋势。高校学生在影视审美中对不同影视文化的多元认同和价值判断是影视审美多元化趋势的表现之一。如今，西方影视艺术通过多种途径大量输

① 爱克曼．歌德谈话录[M]．朱光潜，译．武汉：长江文艺出版社，2020．

入我国，人们足不出户就能观看不同民族、不同国家的影视作品。东西方思想的交融使高校学生的价值观出现了差异。西方电影已经经过了较长时间的发展，相对来说比较成熟，国外一些优秀的电影曾对我国高校学生起到过积极的作用。但是，一些带有西方不良价值观的影视片也会对高校学生产生不良影响。当前，高校学生影视审美发展趋势的多元化特征日益显现，有的高校学生对国产影片情有独钟，但全盘否定“西方大片”；有的高校学生则不能正确对待国产影视艺术，只看“西方大片”，贬低民族影视的文化价值和艺术魅力。这两种倾向实际上都不可取。

②从众化趋势。高校学生影视审美的从众化是指在社会团体的压力下，高校学生放弃自己的审美意见而与大多数人的审美行为保持一致，也就是在影视审美方面跟随潮流。在影视观赏传播中，传播者要通过审美手段对受众的审美加强引导；另一方面，要将接受者的个性特征和时代审美取向结合起来进行考虑。

当前，影视信息呈泛滥的趋势，一是影视信息的负影响；二是电子时代的“形象”膨胀。影视信息的负影响主要指媒体文化中的暴力、性、对现实的误导、程式化和偏见等。高校学生由于从众心理，往往人云亦云地选择观看某类影视作品。如一个寝室 8 位同学，如果有 5 位以上的同学选择观看那些有负面影响的影视作品，其他 3 位同学由于从众的心理作用，也会选择和大多数同学一起观看，长此以往，这种负面的影响力便会越来越大。

（三）网络艺术

网络艺术属于新媒介艺术，新媒介艺术形式多样，包括电脑音乐、图解、动画、全息照相术、互动装置、互动数码电影和电视、互动戏剧、艺术性虚拟空间、网络艺术、技术行为、机器剧场、虚构超文本及其他形式的交流艺术等。

网络改变了人们交流、工作、学习和生活方式，人们面对的是一个虚拟的世界，在这里，一切都是不确定的、变化迅速的。网络艺术是以网络为载体而产生的艺术形式。比如，网络虚拟人物（如日本网络虚拟偶像伊达杏子），网络文学、绘画、音乐等都是我们耳熟能详的。艺术正在以一种新的承载方式进行着自身的发展。

1. 网络艺术样态

依照媒介的传播方式进行划分，媒体的发展史可以分为以下四个阶段：以纸为媒介的传统报纸阶段、以电波为媒介的广播阶段、以电视图像传播为基础的电视阶段、基于互联网传输的网络阶段。

传播媒介在艺术的发展中扮演着重要角色。最近出现的网络传播汇集了其他艺术传播媒介的优点，能够充分地传播艺术，在时间和空间上都具有其他媒介无法比拟的传播优势。媒介不再能束缚艺术传播，艺术传播媒介也能对艺术灵感的表现进行充分的追求了，这对于艺术的发展来说，有着非比寻常的意义。但是，网络艺术一直没有准确的概念，在这种情况下，我们不妨先分析一下网络艺术的三种样态。

第一种样态是网络艺术当前最为普遍的，将已经存在的文学艺术和影音作品通过电子扫描技术或人工输入等方式输入互联网中。互联网上存在的世界各地的虚拟图书馆、博物馆、信息资源库、通俗文艺、电子游戏、影视长廊、古玩字画等数不清的艺术作品，很多都经由网民主动输入或“上传”才进入网络当中。

第二种样态是首次发表于网络上的文艺作品，包括那些登载在各类网络文艺刊物（电子报刊）上的已编辑过的作品和个人在网络上随意发布的影视作品，只有依靠网络，这些内容才得以传播得更远。

第三种样态是“电脑艺术”，即运用网络媒体语言创作的或单纯把网络作为唯一传播媒介的前卫艺术作品。当前，电脑可以运用某些特殊软件自主地创造一些艺术作品。比如，1995 年日本开发出了网络虚拟偶像伊达杏子，她在杂志封面出现过，并参加过激光唱片《爱之交流》的录制，其世界各地的崇拜者还为她设立了网上歌迷俱乐部。作为“中国第一位虚拟人物”及“引领我们娱乐新生活的偶像”，青娜综合了东方美女的优点，眼睛大而明亮，五官小巧而精致，身材合乎黄金分割比例，清纯中又带着倔强。电脑小说《背叛》、电脑音乐作品《第 42 交响曲》、大量的电脑绘画作品，以及用 Photoshop、3DSMAX、Flash 等软件制作的大量动画故事都是新的艺术形式。

总体来说，网络艺术的载体、依托、手段是互联网，接收对象为网民，拥有数字化的媒介、个人化的创作、公共化的传播方式，它不同于传统艺术特点，是一种具有互动性的新艺术样式。

2．网络艺术的特点

概括起来，网络艺术的特征有以下几点：个人性、综合性、交互性、动态性、短暂性、瞬时传播性、虚拟性、可下载性等。

（1）个人性

网络艺术作品是数字化的作品，具有可随意复制且易于改造的特点，能够最大限度地体现个人主观意愿。传统艺术更具有公共服务的性质，艺术作品完成之后要流通到公共场所或公共媒介中。而网络艺术由于更为开放和随意，因而更个人化。个人的灵感、艺术的火花都可以被记录、制作、浏览，并参考他人的反馈意见。网络使人们的“写作情结”和“发表欲望”得到充分满足。

（2）综合性

计算机技术使信息的物理形式实现了从模拟信号到数字信号的转变，同时也改变了信息的存储形式。网络艺术的出现使艺术的保存、传播方式产生了质的飞跃。多媒体技术融合了多种艺术形式，实现了图、文、声、像的共荣。在网络上，同一主页可以融合、拼凑、剪切、粘贴诗歌、小说、广告、戏曲、散文、绘画、动画、流行音乐、电影画面等多种艺术形式，或者把一种艺术样式与另一种艺术样式进行链接。

（3）交互性

网络艺术需要人与人之间的交流，即创作者和欣赏者、制作者和浏览者、浏览者和其他浏览者之间相互进行沟通与交流。原初的艺术作品由于这种相互交流的特点得以重新阐释、配置，因而也可能变得更丰富精巧、复杂而有韵味。然而，在这种可能性变为现实之前，艺术作品失去了它被创作时独有的历史性情境，最初的真实也被歪曲和修改了。艺术作品进入了随接受者的不同而变化的现实情境之中。网络使日常生活更具科学性和艺术气息，网络艺术展示了人们日常生活中尚未述说、看见和听到的情境，给予浏览者独特的生活体验。

（4）动态性

在某种意义上，网络艺术作品的创作过程是一个动态的持续的过程，浏览者可以随时评述、修改、补充这些艺术作品，这些评述修改意见可以形成一个超文本链接附在文本之后，制作者也可以据此修改文本，使文本以新的面貌出现，这样，网络艺术就成为一种动态艺术。

（5）短暂性

“即兴作品”的创始人阿伦·卡普罗（Allan Kaprow）曾对美术领域的“即

兴作品”与日常生活中“用过就扔”的关系进行阐释。他认为，一次即为这种“即兴作品”最为理想的展示次数，即兴作品就是美术的卫生纸。

（6）瞬时传播性

艺术通过大规模的复制能够实现更为广泛而快捷的传播，通过网络技术其传播速度能够达到光速。尽管网络艺术创作具有个人性，但网络艺术的传播具有公开性。未来，计算机技术与通信技术将趋于融合，网络这种传播手段将更为重要。在传播速度与传播效率方面，网络艺术要大大优于传统艺术。网络艺术的传播具有迅捷性和公开性，且传播效率极高，甚至与新闻的现场直播基本一致。

（7）虚拟性

网络艺术这种数字技术具有虚拟性，它只适用于电脑空间，这种虚拟性打破了艺术品的现场感。

（8）可下载性

我们的艺术随科技的进步实现了从“复制艺术”到“下载艺术”的跨越。今天网络艺术的发展使艺术进入了下载时代，将达·芬奇的《蒙娜丽莎》存进个人电脑的硬盘只需用鼠标点击菜单“选定”栏，再点击“另存为”，敲击一个新的文件名。大规模复制艺术让与原作一模一样的艺术品流进消费市场，这种行为具有商业性质；而下载艺术是一种单纯的个人行为，使艺术品进入家庭的显示屏。

3. 网络艺术的影响

网络艺术能够产生巨大的影响，它的影响主要表现在以下几个方面。

第一，网络艺术将使“艺术”与“非艺术”之间的界限日益模糊。现在，网络中传播的很多“网络多媒体艺术”无论是其最初的创作动机还是最终的呈现效果，都存在很强的“游戏”成分。数字艺术中关于“交互”的随意性以及“复制”的无差别性，都将冲击传统的基于手工操作的关于艺术的“经典性”。

第二，它将使传统艺术品的陈列与展出方式发生改变，不一定要局限在一个具体的现实空间中，也不一定要具有实体化的作品形态，可以用虚拟的方式展现艺术品。

第三，它将挑战一些传统的关于作品的“著作权”与作品“原创性”的概念。比如，有的作品是通过集体制作或者是在网络上由众多网友不断参与来完成的。网络艺术作品的创作过程如同 Unix 操作系统的完成过程一般，它是一个由不同身份、不同国籍、不同文化背景的人共同参与的开放的过程。

第四，网络艺术对使用者与消费者的重要性更为重视。在艺术方面，原本只由艺术家进行的个人创意的个人表达，现在已经延伸到了观众，人们不再只要求艺术家进行动人的创作，而是要求他们对环境、空间、框架进行设计，使观众成为创作过程的一部分；目前，艺术家不再只是从现实世界中取样从而对他人的观点进行反映，而是使网络“框架”建构起来，让观众在其中发挥自己的随意性，创造属于自己的世界，在对网络空间的自由充分利用后能够重新塑造自我。互动网络的重要性和数字革命真正的意义都在于此。

第五，艺术家—画商（画廊）—收藏家主导的旧式艺术流动模式将被网络艺术打破。与传统艺术中的技法传承性及由此而形成的“经典性”封闭惰性相比，网络多媒体艺术似乎更容易将科学的新发现与新尝试纳入自身的发展过程中。同时，互动性传播系统中人与人的亲密关系及全球网际网络中心之间的互联性说明出现了新的形态精神。

第五章　新时代高校美育工作的实践

美育中的实践体验法是指通过安排大学生参与各种审美实践，使他们在实际应用中获得真实的美感体验，从而增强审美能力，完善其人格的方法。实践体验更为重视受教育者通过亲身参与在过程中实现社会化，能够更深刻和准确地认识和理解美的规则，进而提高自身欣赏与创造美的水平与能力，使身心发展更为和谐。自己的亲身实践是体验的源泉，体验必定会通过自己的感官、认知领会、情感和生命经历构成“意义世界”和“价值世界”，最终形成关于美的看法与观点。我国学者具有这样的观点：在体验世界中，所有客体都具有某些生命特征，都充满着生命的韵味和情趣，体验可以超越感性达到理性、超越物质达到精神、超越瞬间达到永恒。本章主要讲述新时代高校美育工作的实践，从两个方面展开叙述，分别是高校学生的美育实践以及网络环境下高校美育实践。

第一节　高校学生的美育实践

一、自然美审美实践

（一）高校学生自然美审美欣赏能力的提高

长期以来，应试教育的弊端严重阻碍着高校学生的全面发展，使学生无法发挥自身的想象力和创造力，也无法构建和丰富自身的情感世界。因此，我们应从实施美育入手，以此促进高校学生全面发展，提高学生品位与创造美的热情，使其对美的欣赏与感受能够有效转化为创造美的能力。除此之外，还可以从外部方面入手，增加课外活动的审美教育，使学生在课外活动的实践中提高自身的审美能力，运用自身的聪明才智和自主创造能力，充分发挥自身的想象力，对美术保持一定的好奇心和求知欲。

首先，应使校园的构造和布局更具美感。大学校园占地面积广，具有较好的绿化环境，一些高校历史悠久，一道风景就是一则动人的故事。如清华大学的清华园、北京大学的未名湖等本身就具有极强的审美性，是高校学生品味美、体验美的绝佳场所。所以各大高校应该积极挖掘自身的潜力，使自身的优势充分发挥出来，拓宽学生的审美途径。

其次，应引导学生接触自然、热爱自然，使他们能更好地欣赏自然之美。自然美的教育会让学生在潜移默化中提高自身的识别能力，陶冶、优化和升华自身的情操，进而在欣赏自然的过程中实现人与自然、人与社会的统一。

（二）高校学生自然美审美实践的意义

1. 启迪智慧，激发创造力

自然界生机勃勃、万象纷呈、色彩斑斓，是自然生命法则和宇宙生命奥秘的汇聚之所，同时自然景观与人文景观往往相互交融、互为表里，能够表现出丰富的历史文化内涵。因此，遍览名山大川，寻访风景名胜，可以拓宽眼界、增长见闻，启迪智慧。自古以来，中外许多大家都喜欢走进自然、观赏自然，在万里行程中感受自然之美，从中获得心灵的陶冶和滋养，从而激发创作灵感，成就自身的事业，也为人类做出了卓越贡献。

在三十多年的游览历程中，明代的徐霞客考察了大半个中国，用尽毕生心血撰写了兼具美学、文学与科学价值的《徐霞客游记》。这本书既描述了名山大川的自然美特征，也探讨了其科学成因，在地理学和文学上都有重要的价值。

科学家可以通过自然美开阔自身视野、增长自身学问、启迪科学智慧、推动科学创造，文学艺术家则可以通过自然美激发创作灵感、汲取创作源泉、激活其艺术创造力。古往今来，许多艺术家都崇拜自然、尊重自然，把自然作为创作灵感的源泉，创作出了许多名垂千古的作品。

具有“草圣”之称的怀素，“尝观夏云随风变化，顿有所悟，遂至妙绝，如壮士拔剑，神采动力。”① 同具“草圣”之称的张旭，更是“观于物，见山水崖谷，鸟兽虫鱼、草木之花实，日月列星，风雨水火，雷霆霹雳，歌舞战斗，天地事物

① 徐利明．朱长文．续书断[M]．南京：江苏美术出版社，2009．

之变，可喜可愕，一寓于书。故旭之书，变动犹鬼神，不可端倪。”[①]“一生好入名山游”的李白，通过其特有的敏锐度和丰富的想象力绘制了名山大川的大好图景，将对庐山香炉峰的由衷赞美、对长江三峡的生动描绘、对蜀道之难的诗意夸张留给后人细细品味。徐悲鸿教育美院会把重要一课教给学生——“师法自然”，即着重于从观察、体验自然美的过程中感悟艺术与人生。

2．陶冶性情，提高境界

特定的山水风光能够有效地锤炼人的性格、气质及意志。孔子认为，“智者乐水，仁者乐山。[②]”这也说明自然界的山山水水与人格修养具有密切联系。

我国的自然美教育历史悠久，关于自然美的审美观念实现了从“致用说”到“比德说”，再到“畅神说”的跨越。“致用说”从更实际的角度看待自然物的美丑；“比德说”把自然物与人们的精神生活和道德观念结合，把人的道德、情操附于自然物的某些特征之上，使自然事物具有人格特征，人的品格具有客观意义，把自然物比附的道德情操价值标准作为评定自然物美丑的标准；“畅神说”强调游览者可以通过欣赏自然美抒发、满足自身的情感，它所尊重的是令自身身心舒畅的审美价值而不是外人强加的道德伦理价值。

高校学生通过欣赏自然美可以充盈自己的内心，提高自身的精神境界，得到心灵的净化、升华、扩展和超越，使自身的审美高度提高到“天地与我并生，万物与我为一”的水平。

3．愉悦身心，丰富生活

生命有机体和情绪、个性、性格等心理因素构成了人的身心（人的身体和心灵）。自然美的价值之一是使人身体健康舒适、精神愉悦通畅、生活多姿多彩。

自然美的魅力体现在它生机盎然，为人们提供了无限的审美空间，能够使人的身心受到无尽的裨益。研究表明：世界上拥有优美的自然环境的地区其居住人口往往具有更长的寿命，如苏联的高加索、南美洲的安第斯山区和保加利亚南部地区等。

在欣赏自然美的过程中，面对自然界中崇高的审美对象，如高山大川、险石飞瀑、暴风骤雨、雪崩石流、惊涛骇浪、雷鸣电闪，欣赏者会产生强烈的痛感和

---

① 黄云眉．韩愈柳宗元文学评价[M]．北京：商务印书馆，2018．

② 文心．论语[M]．成都：天地出版社，2017．

惊心动魄的感觉，但经过一番努力和理性的参与就能使痛感转为欣喜、惊叹转为崇敬，产生更为深刻而强烈的愉悦之感。

身处顺境中的人能体会到大自然给予自身的愉悦之感，这时，人们的感觉会更加敏锐，更容易与自然的勃勃生机融会贯通，也更能体验到生命的价值，锻造欢快乐观的精神品格。身处逆境时，大自然则成为人们排忧解难的世外桃源。例如，唐代柳宗元被贬官至永州后，心情愤懑，于是常在闲暇时外出游览："日与其徒上高山，人深林，穷回溪，幽泉怪石，无远不到。[①]"自然山水以其温和的力量抚慰了他，改变了他的心境。

二、艺术美审美实践

通过对艺术作品的赏析，可以培养高校学生的艺术欣赏能力和审美素养。艺术作品的欣赏或美育，就好像杜甫的两句诗一样，"随风潜入夜，润物细无声。"艺术欣赏不仅在潜移默化中提高人的素质，也给人们的生活带来愉悦，所以高校美育要重视培养学生对艺术作品的领悟能力。

当前，我国高校美育的实施要解决好主渠道问题。高校美育的主渠道是艺术课程，但许多高校对艺术的实践出现了偏差。比如，有的高校对艺术课程的教学并不重视，却热衷于搞大规模的艺术节，热衷于到各类艺术比赛上得奖。我们不是要否定艺术节在学校美育中的作用，也不想全盘抹杀艺术比赛的正面效应，但我们要指出，这不是高校美育的主体。就目前高校课程设置情况来看，音乐、美育和大学语文这三门课程是美育实施的主渠道。文学艺术是审美活动最典型、最集中的形式，也是高校学生进入审美世界比较理想的途径。所以，这些课程应该被看作是促进高校学生审美兴趣、审美能力和审美意识发展的主要途径。有这个主渠道作保证，再加上必要的课外艺术活动和自然美欣赏活动，这样学校美育才可能是有效的。

必须指出，高校的审美教育实践不是专业的艺术教育，也就是说，它的主要目标不是培养艺术专门人才，而是以促进每一个学生的审美能力发展为根本目标的。这就是说，高校学生的审美教育实践应该以美育为根本目的，这在教育部最近颁发的《义务教育音乐课程标准》《义务教育美术课程标准》和《义务教育艺

① 柳宗元．柳宗元文集[M]．北京：北京联合出版公司，2018．

术课程标准》中都有明确表述。目前一些高校的艺术课程教学过于偏重单纯的技能训练，没有把技能训练与提高学生的审美能力和审美意识结合起来。当然，适当的艺术技能训练是必需的，否则学生不仅不能进行简单的创作，欣赏水平也不能提高。

大学语文课中文学作品的教学属于艺术教学范畴，可惜的是，目前这些教学并没有按照文学作品的特点和规律去做，而是简单地把它们等同于普通文章来教学。另一个值得注意的问题是，我国审美教育的整体发展水平不高，特别是有些高校还很缺美育教师，所以我国多数高校学生的艺术教育主要靠大学语文课程中的教育。正是基于上述的考虑，我们主张高校美育的实施不要忘了大学语文对于美育的重要意义。

随着艺术文化的发展，艺术种类也更加多样化，高校的艺术教育不能仅仅局限于传统的、经典的几种艺术门类，应该关注那些对高校学生的生活有较大影响的当代艺术现象，从而对他们的休闲生活有所引领。

三、社会美审美实践

（一）社会美的重要内容

社会美是社会生活中客观存在的社会事物、社会现象的美，指的是那些包含着社会发展的本质规律、体现人的理想愿望、给人以精神愉悦的社会生活现象。社会美来源于人类的社会实践，集中反映出一定时期内人类的审美意识与其他社会意识形态之间的复杂关系，因此它既是社会实践的产物，又是社会实践的直接表现。人类通过生产劳动向自然索取物质生活资料，在此过程中，人的本质力量——自由自觉的创造活动及其才能、智慧、品格、意识、情感等，最直接、最集中地表现出来，社会美也就自然地集中表现在这一过程中。

从社会美的内部形态看，社会美可分为两大类，即社会实践的美和作为社会实践主体的人的美。社会实践的美集中体现了人与社会的关系，这其中又包括社会活动的美和环境的美。人的社会活动的美包括了劳动的美和社会斗争的美；环境的美包括自然环境的美。作为社会实践主体的人的美包括人的外在形态和内在心灵的美。人的外在形态的美主要是指人的语言、行为、举止、仪表、服饰等方面的美，而人的内在心灵美主要是指人的思想、情感、品格等方面的美。我们讨论社会美就是在这样一个复杂的系统中展开的。

社会美始终与人类的社会生活相关联。人类的生产是有意识、有目的的活动，它不仅在直接的肉体需要的支配下生产，还能够摆脱肉体的需要，为满足社会需要进行生产。人是自由自觉的社会存在物，总是有意识地向着一定的和事先知道的目标进行创造性的活动，正因为人类活动是自由、自觉的创造性活动，可以说，它在本质上就是一种创造美的活动。

社会美随着社会实践领域的不断扩大而扩大，随着社会实践形式的不断发展而发展。从原始人制造简单的石器工具到今天现代化的机电一体化设备，从原始人手工生产方式到现代人的高科技生产方式，从原始人的茹毛饮血到现代人的饮食起居的巨大变革，都可以看到社会美的发展变化，以及人类审美意识的变迁。同样，我们只有站在比现实社会关系更为进步的视角上审视生活，才能体会社会美。可以说，对社会美的感受是人们走向更高、更合理社会生活的开始。因此，对社会美的美育实施也是高校美育的主要内容。

（二）增强高校学生社会美审美实践的能力

1. 从社会美中感受人的自由创造

人进行创造首先需要认识事物的客观规律，这就离不开真；而创造是以达到一定的社会功利目的和实践中的进步条件为目标的，这就离不开善。但人们在自由创造的过程中并不一定只服务于某一直接的具体目标，随着人类越来越能够全面地认识社会和自然规律，人类自身活动的长远目标也能得到更为全面的确立。人们在现实社会生活中越来越能够自觉地结合长远目标与当前的具体目标，因而在自由、自觉的活动中呈现出理想化的特质，而这些理想又根植于社会实践。所以，美的理想不仅源于实践，还要接受实践的检验，表现在实践活动当中。人的自由、自觉的活动是和真、善紧密联系的，理想则是以真、善为内核，对未来生活图景充满热爱的想象，实现理想必须经过艰苦的奋斗，才能转化为现实的生活图景，形成社会生活的美。

高校学生更应该注意如何实践社会之美，尤其是随着现代科学技术的进步，对于实验成果或技术产品的美感应该有更新的感知和理解。故而，高校的美育应对学生进行有意识的引导，使其能够全身心地进行社会美的实践，发挥自己的才华，深入了解社会与自然，创造出更为丰富多彩、更具美感的事物。

2. 体会社会美中所体现的明显的价值取向

美和实用往往紧密相连，但美的价值是事物原本具有的价值，它与有用的价值有所区别，以对象本身内在意义的评价为基础。与目标相契合的特质只在形成内核价值的情况下才能称之为美。脱离社会功利性，任何事物都无法与主体构成价值关系，相比于自然美和艺术美，社会美表现得更为直接、明显。

社会美的价值取向十分鲜明。人们在认识客观事物之时，通常会将事实判断和价值判断区别开来，即将前者看作是不具任何主观意味的纯客观的陈述。人们在认识世界万物的过程中，对事物的判断不但带有明显的褒贬色彩，而且在评价任何事实时也脱离不了价值标准，即使是描绘性陈述，也是在一个看不见的价值网中进行的。

这一观点虽然仅限于文学作品的评价，但对我们理解社会美也能给予一定启发。由于人们的政治态度及其阶级立场的差异，对于一些重大的社会变革及相关历史事件，可以有完全不同的看法，这在鉴赏社会美的过程中经常出现，究其原因，是人们从自己的利益出发，对这些社会变革和历史事件进行了“解释”，故而结论不同，由此我们可以看出社会美的意识形态性更为明显。

3. 社会美重在内容

社会美的前提和基础是善的内容，并且其社会功利性十分明显。人们要衡量一个社会事物是否具有美感，往往会评判其内容是否美、是否符合社会发展规律以及是否符合人们的需求、目的和利益。人们进行社会实践，总是出于一定社会、阶级、集团的利益、需要及愿望，因此只有符合人类目标与社会发展规律并且能推动社会前进的人与事物，才可能具有美感。这里所讲的内容也就是社会功利性，同样定向、定位着伦理道德和社会规范，这是社会美的伦理体现。各种积极肯定的生活形象是社会美的种种表现，高校学生应在欣赏社会美的过程中塑造自己，使自身鉴赏社会美的能力有所提升。

第二节　网络环境下高校美育实践

一、网络文化与美育

（一）校园网络文化

高校校园网络的影响力逐步扩大，使高校师生的学习、生活及交往方式发生了巨大变化，在这一过程中逐渐催生了校园网络文化，使传统校园文化面临着从未有过的挑战。校园网络文化的诞生与演变，正神奇地使师生尤其是高校学生的思维方式、价值观念、精神世界发生变化。网络的普遍性是使校园网络文化迅速发展的首要原因。当今社会处于网络时代，身处其中的学生会顺应时代发展的趋势，使用网络媒体对外交流。使校园网络文化迅速发展的第二个原因是网络的快捷性。网络被称为当代社会的第四媒体，通过网络，学生不需外出就可以获得一手的新闻。除此之外，网络文化能够迅速发展还得益于网络的时尚性。校园网络文化的基础是学生，其中最重要的内容是学生密切关注的事情。任何一个校园网站中设置的影视、音乐、动漫等内容都是为了迎合学生的需求，从这一角度来说，网络文化实际上集中展现了学生文化。最后，校园网络文化在发展初期，由于其独有的环境，使校园文学维持了独具特色的原本风貌。

与其他网络文化不同，校园网络文化有其自身的特点，它产自于高校校园，也为高校校园服务。高校学生在使用校园网络文化的同时，也在创造和传播着校园网络文化，在这一过程中，校园网络文化也对高校学生产生着深远影响。不同的校园文化对于校园网络文化的建设能够产生不同的影响，网络文化也应该将校园独特的文化精神展现出来。网络文化在网络的资源内容和网站的建设与管理中都能体现。如同传统校园文化一般，校园网络文化也实现了物质文化、精神文化、行为文化和制度文化的有机结合。首先，网络文化的物质表现是网页色彩、结构与链接方式、文字等可视因素，这些因素也是校园文化价值取向和精神气质的展现。其次，网络内容是网络文化的集中展现，琳琅满目的资源信息是校园网络对于学生贴近程度的代表。网络资源应该尽可能涉及学生的生活、学习、娱乐、交往、咨询、建议等方面，在这一过程中，网络不仅要成为文化的传播手段，也要成为学校管理、服务的手段。总之，校园网络应该在实现其功能特征之外，体现出不同于其他学校的文化特征。

校园网络文化建设与管理应该结合国务院颁布的《互联网信息服务管理办法》，参照《学生上网管理规定》制定切实可行的校园网络管理规章制度。

在校园网络文化建设方面，应根据校园情况配置硬件，连接校内各个站点，使之资源共享，同时做好安全措施，及时备份重要数据。校园一切有利资源都要进行整理，特别是校图书馆、档案馆、电子资料室等资源要纳入统一管理之中。学校要加大校园网络内容的更新建设，及时归类、整理、审查、监控，丰富校园网络资源，满足学生的多方面需求，营造健康向上的校园网络文化。

在校园网络文化管理上，一方面，开展丰富多彩的校园网络文化活动，同时对网上信息加以更新、监控，及时删除不良信息、垃圾信息，积极引导学生的网络活动，了解学生在心理、情感上存在的问题，给予他们帮助和解答，使网络文化成为学生良好的学习、生活的心灵环境。另一方面，要开展学生网络自律活动，使学生树立网络道德、法治观念，让学生参与网络的建设与管理，从而使他们学会自我教育、自我管理。

网络文化的开放性使其没有屏障，传统的权威在这里不具有优势地位，网络社会是一个无中心的虚拟社会。网络文化无地域、语言和意识形态的边界，几乎任何人都可以在任何结点登录网络，人与人的交流能够突破时空的限制。校园网络根植于校园之中，其特点较之互联网，也有些细微的不同。

（1）实时性

校园网络的信息与学生的学习、生活贴近，因此资料会定时更新、增加或者删除。它与网络不同，网络不仅更新信息，也会保留大量已经存在的信息，而校园网络不仅需要时时更新信息，也需要对信息内容进行主观上筛选，注意引导与约束学生的网络活动和网络言行。

（2）丰富性

校园网络都与因特网相连，使得校园网综合了因特网的信息资源，又保持着校园网的自身特色。校园网络的丰富性不仅应体现因特网信息量的浩如烟海，还应针对学生的学习、生活、新闻、艺术、教育、游戏、咨询等方面以及校园自身建设、管理的需要进行建设，它与校园的学习生活有着密切的关联，在很大程度上影响了高校师生的生活结构。

（3）交互性

网络的一大特点就是它实现了不同主体之间的交流，这种交互性是网络存在的最大优势。交互性是网络文化的重要特征，它的核心在于参与，网络公民既在消费信息资源，也在生产和提供着信息资源。人们使用网络不仅可以聊天，也可以进行教学、问答、咨询、搜索、游戏等多项活动。交互性使得主体网络活动能迅速得到回复，使得网络的虚拟性增加了几分现实感。

网络的交互性为举行各种网络文化活动提供了基础。比如，在线讲座、在线报告、在线辩论、校园网络文化团体、社区和论坛、网络杂志等都建立在良好的交互平台之上。在校园网络管理中，应该重视对于交互性的管理，尊重学生的思想空间和意见表达，注重多与学生进行学习、生活等方面的交流，使一些问题能迅速得到解决。

网络文化是一个拥有极多内涵的概念，网络上的一切信息、活动都构成了网络文化。网络文化集中体现着后现代主义，其虚拟性、多元性、真伪性都极易动摇学生的心智，使部分学生陷于网络聊天、游戏中而无法自拔。当前，社会上要求提升网络管理水平的呼声日渐高涨，网络还能与美联系在一起吗？网络文化的无主题、无中心、开放性对于传统文化是一种否定吗？大众化的文化还是审美化吗？网络文化如何与美、美育相联系是一个值得探讨的问题。

我们不得不承认，网络的虚拟性符合了现代学生追求独立的呼声。正是由于网络的虚拟性实现了学生对于自由、理想空间的追求，很多学生沉浸于体验虚拟的网络环境，他们的社会性交往被人机交流的方式取代，使他们缺乏对社会上存在的事物的关心，造成社会交往的阻碍，在无形中增加了自身的现实孤独感。网络寄托着学生的情感、心理甚至理想，这无疑使人们对于网络自身的优势更为置喙。

然而对于这个问题，我们需要辩证地看，科技的发展总在改变着人的生存方式，我们的生活状态无法再回到从前，新的媒介、材料的出现必然会影响着文化的发展。网络的出现同样会对人类的生活和思维模式产生巨大影响，作为信息传播的新渠道，网络已经在为当代美学、美育提供着源源不断的素材。

（二）网络艺术的审美化

网络的技术特性使艺术品的呈现方式具有虚拟性的特点，我们要欣赏艺术不仅可以走进歌剧院、音乐会、画廊中进行现场观赏，还可以通过网络欣赏各种不同的艺术作品。网络可以借助数字化仪器对任何艺术作品进行精准复制、模拟立体空间，欣赏者可以对不同的方位进行选取，使艺术品扩大或缩小，对其随意观察。我们可以永久保存、反复播放这些虚拟艺术品，借助网络进行复制与传播，使艺术品的受众人群更为广泛。只要有网络，我们就可以对艺术作品进行欣赏，使自身的艺术视野扩大，更为深刻地理解艺术作品的内涵，提高自身对艺术作品的鉴赏能力。

网络不仅是经典艺术的传播媒介，也成为新兴艺术的载体。网络时代的艺术审美是机械复制的“仿像”符号审美，它运用数字技术虚拟现实，使艺术和自然的原初关系被人工的机械关系所取代，导致艺术创作从个性风格的表达向仿像的机械复制转变。这是法国后现代主义思想家鲍德里亚（Baudrillard）所揭示的“后审美主义”图景：模拟威胁着“真实”与“虚假”以及“现实”与“想象”之间的差别，对象世界以技术逻辑控制主体，数字化的冷酷宇宙吞噬了隐喻和转喻的世界，模拟原则既战胜了现实原则，也战胜了快乐原则。网络艺术突破了传统艺术的形式，成为一种符号仿像的视觉消费品，它以互联网为载体，媒介上数字化、创作上个人化、传播方式上公共化，具有不同于传统艺术特点的艺术样式。这种新兴艺术使艺术更为大众化，人人都可以参与网络艺术创作，如网络音乐小说、诗歌、绘画等，它取消了传统艺术技巧性的主张，以数字化的操作表现个人的创意、思想。因此，网络艺术就是审美创造活动和审美理想的极好表达空间，它可以反复实践、随意删除，既节约了艺术创作成本，又锻炼了艺术创造力，表现了个体的审美理想。

网络文化是一个大众化的平台。艺术的鉴赏活动总是离不开交流，网络提供了一个广阔的视野，对于不同的艺术品，每个人的体验都不尽相同，网络的交流促进了人们对于异域文化的认识，使学生能理解异域艺术的内涵，极大地促进、丰富了学生的艺术修养。

（三）网络内容的审美化

网络可以同时传递声像、图文并茂的多媒体信息，具有速度快、使用方便的特点。但网络也有难以控制的特点，使得许多信息、资料存在着错误、遗漏等问题。另外，在“信息自由”的口号下，一些冗余信息、污秽信息、盗版信息、虚假信息、失真信息、过时信息和错误信息亦可借助网络广为流传，使得网络内容真假难辨、美丑并存。因此，规范网络内容、加强网络监督与管理成了网络内容审美化的重要保障。

网站在自身建设、网页设计开发时就应该赋予形式美，网页色彩搭配、内容结构与链接的新颖性都应体现人的创造力和想象力，在体现校园的文化价值取向和精神气质的同时，也要体现学生的审美要求。学生参与校园网络建设，不仅可以锻炼学生的网络技能，也激发了他们的想象力与创造力，促进了他们的网络审美意识。

网络内容应该按照美的规律来建设，网络文化不应该只是促进对艺术作品的欣赏，同时应该关系到学生学习、生活、个性、心理等多方面需求，也要成为学校管理、服务的手段。网络内容导向也是美育的重要内容，因此网络的内容更应该受到管理，对于那些不良、虚假等信息应予坚决抵制，加大网络安全监管力度，使网络真正成为学生良好的成长环境。

网络教学是远程教学方式，就网络教学来说，它是一种自助性教学模式，网络教学的内容、时间、模式都可以自由地调整，因此推动网络美育自我教学也是美育的重要一环。

在校园中，校园文化活动的美育功能是非常明显的，活动方式改变了教学中主体的差异，使学生能自由、放松地投入，网络活动更能体现这一点。在网络中，人的存在只是一个符号，我们可以完全摆脱现实中人与人交流的畏惧、紧张感、使自我投入活动中，得到美的体验。网络倡导人际互动和平等对话，有助于高校学生平等、自由思想的建立，也为高校学生创造了一种新型的人际关系，扩大了高校学生的交往范围。正是这种交往的自由性、匿名性，使许多学生藏在心底的小秘密能无须担心被人泄露、无须顾忌别人对自己的看法，并在素未谋面的网友间进行交流，缓解和释放心理压力。

校园网络活动是一种新型活动形式，它的优势在于学生的参与性、交互性强，没有人数、规模、时间、地点的限制，活动成本少，易于管理。在虚拟的网络中，每一个人都可以放松心态，全心参与，所以我们应该对它保持足够的重视。校园网络活动使学生得到综合能力的提高，与此同时，我们也应该注意对于网络不利一面的认识，引导学生正确看待网络活动，不宜过分沉溺于网络之中。

（四）网络主体活动的审美化

1. 网络阅读行为

网络的虚拟性决定了网络的创造力具有无限可能。在网络中，人摆脱了在社会上存在的一切附加意义，成为一个单纯的精神符号，可以借助网络体验自由的心态。

阅读是网络最基本的活动方式，我们接受来自不同时空的文化，自由地穿梭于其中，可以对它进行评价、保存、复制、传播，甚至修改等一系列行为，阅读成为网络学习的主要方式，学生可以自由地选择阅读的习惯与方式。网络的高度自由使人的精神自由程度得到扩展，并能体会到现实世界中所无法体验的个体自由。

2. 网络交流行为

如果网络中失去交流，符号意义也将不存在。网络交流分为即时与不即时两种，如聊天、游戏等要求双方在共时性的基础上得到体验，而咨询、合作、电邮等是非即时性的。网络的交流行为模拟了现实的交流行为，但它超越了空间的距离和时间的规律。网络交流是一种新的体验，这种使人获得奇特新鲜感、美感的基础正是虚拟空间贴近现实的距离感所营造的氛围。

3. 网络创造行为

网络中，文学、艺术创造呈现出不同的形态，但它们都具有开放性的特点。一部小说可以由许多人参与，每个人都可以接着故事继续写下去；电子艺术作品可以公开自己的源代码，由其他人参与，不断地加以改进，使其更加完善。这种过程没有休止，这种创造力与想象力的超越与传统艺术不同。由此，网络的创造行为，既体现着个体的主张和愿望，也是网络艺术不断发展的动力所在。

总之，在网络的虚拟世界里，审美活动就是人的在线活动审美，在人的浏览、游戏、创作活动中得到快乐。

二、远程教育与美育

今天，远程教育已经在各个高校开展，虽然目前它只作为教育的一种新型辅助形式，但随着“终身学习”理念的深入，远程教育所具有的巨大的潜能和优点必然会使其成为教育的重要形式。因此，我们对于远程教育与美育的关系做了初步的探讨。

（一）远程教育

1. 远程教育的概念

国外普遍认可的远程教育学术定义是由德斯蒙德·基更（Desmond Keegan）在 20 世纪 80 年代提出的，他认为远程教育具有六个特征，并以此作为它的一般定义或要素。

①教师与学生的地理位置相互分离。②受到某个教育机构的指导和影响。③应用各种通信媒体来传播教育内容。④提供学生与教师的双向通信交流。⑤对学生的教学很少集体进行，没有或基本没有学习团体。⑥带有较多的工业化教育形式，如分工、大规模生产、集中和统一等。

应该说，在网络普及之前，远程教育就已经有雏形了，国际上通常认为，这种教育已经经历了三代。第一代是函授教育，1849 年，英国伦敦大学首创校外学位制度，允许英国和英联邦各国任何高等学校的学生报考伦敦大学的学位课程并为注册报考者提供函授教学。电子信息技术的进步使传播媒体出现了较大的变化，幻灯、录音、电话和电影逐步介入教学领域，印刷品加信件的函授教学方式开始向广播、电视教学方式转化，因此远程教育进入它的第二代历程。当前方兴未艾的远程教育属于第三代，它建立在互联网络的基础上，从某种意义上讲，它就是“网络教育”的同义语。

2. 远程教育的优势

网络远程教育被称为第四次教育变革，网络时代的教育有着鲜明的特征。第一个特征是这次教育变革的整体性。从原因方面看，引起这次革命的不再像以往教育变革是单项技术运用的结果，而是综合运用了高科技发展所带来的各种技术及现代教育理论，如计算机技术、通信技术、网络技术、现代教育技术理论、心理学、认知理论等。第二个特征是第四次教育革命引起了“创新学习”的革命。在现代教育系统中，创新学习所倡导的“空间参与”和“时间预期”这两个特点得到了强化，而且在现代教育技术中得到了满足和实现。

互动性远程教育是远程教育发展的必然，远程教育的对象也不再仅局限于成年人群，网络生动的界面、娱乐式的教学、游戏式的作业等方式对学生具有很大的吸引力。目前国内的网上学校或网上教学系统已有很多，按内容大致可分为基础教育部分、高等教育部分（包括成人继续教育）、技术教育部分。互动性远程教育成为一种重要的教育模式，其自身存在许多优势。

（1）教育资源的丰富与高效利用

网络实现了资源的高效利用，使网络自身成为一个巨大的教育资源库。计算机网络具有大量的文字、声音、图表、视频、动画等以多媒体形式表现的信息资源，也具有制作、存储、自动管理和远程传输等功能。将多媒体信息表现和处理技术运用于网络课程讲解和知识学习的各个环节，使网络教学具有信息容量大、资料更新快和多向演示、模拟生动的显著特征，这一点是有限空间、有限时间的其他传统教学方式所无法比拟的。集声、色、光、电于一身的多媒体特征，以及游戏性学习情景的创设，使学习素材变得格外生动形象，良性地刺激着学生的视觉、听觉，极大地激发了学生的学习兴趣，调动了其创造潜能。资源的共享是资源高效利用的前提，网络资源可反复使用与复制，使得远程教育改变了传统教育的资源浪费、不可重复使用的现象，节约了教育成本。

（2）实时交互与开放功能

网络实现了教师与学生、学生与学生之间全方位的、能动式的实时互动，即主动、可控型交流。网络的这一重要特性，使网络教育成为唯一的、真正的在教师与学生、同学与同学之间，实现双向互动、实时全交互的远程教育方式。教学中，师生可以打破课本与课室的限制，一个教师可以面对成百学生进行教学，而学生也可随时请教网上的任何一位教师。网络的交互不仅体现于网络中主体之间，也实现了人机交互功能，我们可以和计算机进行聊天、下棋等活动，可以请求网络帮助，让网络回答我们的问题。正是网络教学的这种开放性特点，极大地提高了“教”与“学”的效率。同时，网络化教学活动也有效地实现了师师互动、师生互动、生生互动。传统教学是一种被动的、接受性的行为模式，互动只能成为师生间的一种愿望。而在网络上利用电邮、利用丰富的情景式的教学资源，师生间交流也更为容易。正是互联网和多媒体技术的运用，实现了通信的实时交互性，使远程教育越来越脱离了所谓工业化的形式，呈现出更加个别化、个性化特点。

3. 国外远程教育现状

国外的网上教育，尤其是美国、加拿大、英国、澳大利亚等国的网上教育体系已发展得相当成熟，这不是一所学校能办到的，整个国家，甚至好几个国家都参与其中。每一个网站都是由许多相关的教育部门或公司建立的，而各网站之间又有非常广泛的连接，使整个体系呈网状结构，想学习什么知识和技能，均可以在网上找到所需的资料和帮助。网上教育包括专门针对基础教育方面的、专门针对师资培训方面的、专门针对高等教育（包括成人教育、继续教育和部分职业教育）方面的、其他的教育形式和教育信息等，其中每一方面都涉及各门各类学科和全套的服务设施。

4. 我国远程教育的不足

在我国，网络远程教育的开展起步比较晚。1999 年教育部批准“中央广播电视大学人才培养模式改革和开放教育试点”，该项试点是教育部组织实施“国家现代远程教育工程”的重要组成部分，也是教育部改革高等教育人才培养模式，发展国家现代远程开放教育的重要实验，旨在贯彻落实《面向 21 世纪教育振兴行动计划》，并在实现高等教育大众化、构建国家终身教育体系和学习型社会中更好地发挥现代远程教育的作用。

从 1998 年开始，除中央电大的“试点”外，教育部相继批准多所传统重点大学开展网络教育，其教育范围惠及中小学教师、部队士官、大学生（高职）、残障人士，以及包括西藏在内的少数民族等群体，体现了教育公平和大众化，进一步扩大了高等教育的地区分布。

从 1998 年开始提倡远程教育到如今，远程教育虽然已成规模，但也存在着明显的缺点，具体表现在以下几方面。

（1）资源共享不足，重复现象严重

虽然许多高校积极参与到远程教育中，但资源却仍然不足，其原因在于远程教育资源没有开放意识，大量的重复建设使网络资源没有得到很好的利用，学校对自身教育资源进行严格控制，不与其他学校形成资源分享，这种看似保护自身优势的做法，实则是浪费了教育资源，阻碍了网络远程教育的进一步推广。另外，许多学校对远程教育不够重视，注重硬件的建设，忽视对远程教育教师与管理人员团队的建设，致使远程教育质量和效率都得不到提高。

（2）教学资源不丰富，交互性不强

各学校之间资源缺乏共享，教学资源太过简单，很多教学资源仅限于课本知识，并且只采用文本呈现方式，把老师的优秀教案呈现在屏幕上。学生教材只是网络电子版，只能作为学生自学的一种辅助手段。多媒体课件虽然结合了视频、音频、动画及文字材料，但交互性不强，学生主要采用浏览的方式进行学习，不能实现实时提问、交流。由于远程教育实施异地教学，教学检查（包括学生在线学习情况、作业完成情况、考试情况）必不可少，但是在目前的课件系统中无法实施。由于缺乏必需的交互交流手段，使得远程教育的许多教学环节，如作业、讨论等无法进行，严重影响教学效果。

（3）管理手段缺乏

远程教育主要是异地教学，怎样考核教学质量、教学效果及教师的水平和学生的学习成果都成为难题，远程教育缺乏检查和质量评估机制，也导致其作用得不到有效发挥。

（二）远程教育与美育的思考

1．远程教育中的艺术教育

不管是在网络文化中人的创造力、个性主张、大众化艺术的提倡，还是多媒体艺术中的网络艺术、后现代艺术中的艺术精神，我们从多个方面分析了后现代现象中对于美的看法，肯定了它们存在的合理性。不管其艺术的主张为何，网络媒介对于艺术传播、艺术形式及艺术教学的影响都是巨大的。在这里，我们特别要探讨一下远程教育与艺术教育之间的关系。

教育一直在寻求着一种最佳的教学形式。从教育哲学史来看，教育价值观念应从以掌握知识为目的的维持性教育走向以掌握获得知识的能力为目的的创新性教育。如何使教育达到更好的效果，各种不同的教学方式、教学模式纷纷被提出，并得以实践。而艺术教育与现代远程教育的结合，无疑是时代的趋势，也使艺术教育摆脱传统模式之束缚，是艺术教育普及化的重要抉择。

艺术教育不仅是加强学生艺术修养、艺术鉴赏与创造能力的手段，也是提高学生道德修养、人文素质，养成良好品格的最佳途径。艺术教育不同于其他学科，因为它的体验性和实践性要求很强，抽象的理念阐释和枯燥的作品介绍很难使学生理解和认同。利用网络和现代科技优势，可以使各种不同的艺术作品得到形象直观的展现，各种古代珍品、音乐、戏剧等不同风格的艺术都能以虚拟的方式得到充分展现。远程教育摆脱了艺术的实地体现而赋予了艺术教育更多的活动方式。另外，网络技术的可复制性使艺术教育多媒体教学一次性投入便可以反复使用，大大节省了教学资源和教学时间。正是远程教育技术性的保障，使得艺术教育具有更大的发展空间。可以肯定地说，艺术教育与现代远程教育的汇合，为艺术普及化做出了重要贡献。

2. 远程教育互动性与美育

网络以自身优越性表明了一种新的教学模式的产生。网络时代要求教育从反主体的教育走向主体性教育。网络时代不仅打破了划一性教育，提供了个别化的教学组织形式，更重要的是它提供了学生主体性的生长土壤，使教学方式由传统的单向灌输转变为启发思想和自主参与。一方面，教师“讲”的作用日益减少，越来越多地把重任放在启发和引导学生积极地、自主地和创造性地学习上；另一方面，自主参与成为网络教学中的基本学习形式，在网络教育中，学生有着更大的学习自由度，有更大的自由活动空间，学生和教师有了更多的相互交流。网络教育中的教学内容是按照人脑的联想思维方式，用网状非线性来组织编排信息的，教学内容的这种超文本的特性和网状特性的结合，有助于高校学生广泛地获得信息，适合高校学生“自主发现，自主探索”式学习，这样就为高校学生发散性思维、创造性思维的发挥和创新能力的孕育提供了土壤。

互动性的远程教育实现了多种教学目的，甚至达到普通教育模式所不能达到的效果。首先，任何一个教学系统都要求学习与积极参与成为学生互动、激发兴趣的第一步。远程教育体现了教学主体的自愿参与特性，因为远程教育的教学分享，主体必须有充分的自愿和自由状态才会投入教学中，学生在远程教育中自愿参与性更强。其次，在参与之中，学生学会了交流。网络教学使大家分享各自的信息和观点，并有目的地设计以交流为目的的教学环节。在交流过程中，学生往往是以小组的方式进行，小组学习的环境保证了每个人都有获得平等的权利，小组给予其成员一样的尊重，远程教学是以任务的方式进行的，要求学生以小组方式来完成某项作业，这样不仅激发了学生的好奇心、创造力和积极思维能力，也使他们的团队精神得到体现，将有利于他们在现实生活中的交流，提高集体意识。

网络对于一个事物的认识没有权威和中心认识，从有利的一方面来看，也给学生留下了许多再思考、再认知的空间。一个事物往往存在着许多不同的认识，这鉴于不同的价值观念和文化背景。另外，远程教育是以学习者自我管理、自我控制为主要手段的，这无疑使学生自我管理、自我控制的能力得到提高。

总之，远程教育拥有像普通教学活动中的认识过程和能力训练，它也在某些方面强化了学生的能力。远程教育平台是个别化学习、协作学习、集体学习、实践学习等多种学习模式的综合，对于学生综合能力与社会适应能力都具有促进作用。当然，我们也应该注意网络虚拟特性对于人的负面效应，不能放松远程教育管理，应该使远程教育的内容、方式更为审美化，注意引导学生的学习兴趣，把学习融入游戏、融入交互过程，才会真正使远程教育发挥优势。

参考文献

[1] 冉乃彦．家庭美育 [M]．桂林：广西师范大学出版社，2022．

[2] 彭富春．美育研究（第 1 辑）[M]．武汉：华中师范大学出版社，2020．

[3] 姚继琴，王霞，曾胜强．大学美育 [M]．北京：航空工业出版社，2019．

[4] 彭立勋，陈鼎如，汤文进．美育辞典 [M]．南昌：江西教育出版社，2018．

[5] 陈建民．美育十六讲 [M]．长沙：湖南大学出版社，2020．

[6] 王滢．大学美育 [M]．成都：电子科技大学出版社，2017．

[7] 刘美辰．大学生美育教学研究 [M]．合肥：黄山书社，2021．

[8] 刘畅，杨莎莎，刘芬．美育视野下的艺术教育教学研究与实践 [M]．长春：吉林人民出版社，2021．

[9] 李金生，魏睿．美育视野下的美术教学研究与实践 [M]．哈尔滨：黑龙江美术出版社，2018．

[10] 易晓明．美育与艺术教育研究新趋势 [M]．上海：上海教育出版社，2019．

[11] 李富强．高校美育文化的价值导向和实践路径 [J]．汉字文化，2022（24）：171–173．

[12] 张炜，胡鑫宇．高校美育对中国文化继承性的作用与意义 [J]．中国美术，2022（6）：99–102．

[13] 李丕宏．高校美育理论与实践路径探索——评《高校美育理论与实践路径研究》[J]．中国教育学刊，2022（12）：133．

[14] 余伟忠．依托新兴载体发展社会美育的思考 [J]．艺术教育，2022（12）：266–269．

[15] 郭娜．医学类高职院校美育工作现状分析与对策研究 [J]．卫生职业教育，2022，40（23）：19–22．

[16] 王可迪，苏严惠．美育视域下高校合唱艺术的推广及育人对策 [J]．当代音乐，2022（12）：50–52．

[17] 刘紫光．试论传统音乐融入大学生美育教学的有效路径 [J]．艺术评鉴，2022（22）：89–92．

[18] 那书琦．美育对 00 后大学生素养提升的影响 [J]．公关世界，2022（22）：100–102．

[19] 乔横．高校艺术设计专业美育教育体系的构建研究 [J]．工业设计,2022（11）：52–54．

[20] 罗枫．新时代高校美育沉浸式教学方式与路径建构 [J]．浙江万里学院学报，2022，35（6）：102–106．

[21] 赵菁钰．高校美育教育问题研究 [D]．南昌：南昌大学，2022．

[22] 李彤．新时代美育视阈下高校公共艺术教育研究——以新疆部分高校为例 [D]．乌鲁木齐：新疆艺术学院，2022．

[23] 李静．高校美育实践、困境及改进策略研究——基于两所大学的比较分析 [D]．成都：四川师范大学，2021．

[24] 史文倩．地方高校美育教育体系构建研究——以 G 校为例 [D]．赣州：赣南师范大学，2021．

[25] 麻建帅．大学生美育现状调查研究 [D]．兰州：兰州交通大学，2021．

[26] 亓传美．美育在高校思想政治教育中的价值及实现研究 [D]．济南：山东师范大学，2020．

[27] 钟群．高校美育网络教学评价研究 [D]．重庆：西南大学，2020．

[28] 颜叶芳．德智体美劳“五育”：从分裂到融合——以高校课堂教学为例 [D]．长沙：湖南师范大学，2019．

[29] 赵媛媛．美育视阈下高校校园文化建设研究 [D]．晋中：山西农业大学，2018．

[30] 侯苗苗．美育在高校思想政治教育中的价值及其实现路径研究 [D]．西安：西安工程大学，2017．